MAISONS DE CAMPAGNE

MAISONS DE CAMPAGNE

PRÉFACE DE JOCASTA INNES

TEXTE ORIGINAL DE MARY TREWBY

ADAPTATION FRANÇAISE DE DOMINIQUE PAULVÉ

GRÜND

GARANTIE DE L'ÉDITEUR

Pour vous parvenir à son plus juste prix, cet ouvrage a fait l'objet d'un gros tirage. Malgré tous les soins apportés à sa fabrication, il est malheureusement possible qu'il comporte un défaut d'impression ou de façonnage. Dans ce cas, ce livre vous sera échangé sans frais.
Veuillez à cet effet le rapporter au libraire qui vous l'a vendu ou nous écrire à l'adresse ci-dessous en nous précisant la nature du défaut constaté. Dans l'un ou l'autre cas, il sera immédiatement fait droit à votre réclamation.
Libraire Gründ – 60, rue Mazarine – 75006 Paris

Adaptation française
de Dominique Paulvé
Texte original
de Mary Trewby
Première édition française 1991 par Librairie Gründ, Paris

ISBN : 2-7000-5341-9
Dépôt légal : octobre 1991
Édition originale 1990 par Conran Octopus Limited sous le titre original *Simple country style*

Photocomposition : Bourgogne Compo, Dijon
Imprimé à Singapour

SOMMAIRE

PRÉFACE

Cela fait une dizaine d'années que je m'occupe de décoration intérieure. Elle m'apparaît toujours comme synonyme de luxe tapageur, d'argent dépensé inutilement, de kilomètres de soie déroulés pour rien... Aussi, notre premier impératif en restaurant la Vieille Chapelle fut-il de conserver intact ce lieu sans prétention, de guingois et rudimentaire, d'où toute préciosité serait bannie. Par ailleurs, nous ne voulions pas pousser jusqu'au dépouillement extrême. J'apprécie le minimalisme dans les photos, mais dans la vie courante, j'aime avoir mes aises, de telle manière que, lorsque nous avons commencé à concevoir notre décor, le jeu a été d'installer imperceptiblement, des fauteuils confortables, un poêle, des bibliothèques, des placards, mes tableaux préférés, bref, le minimum indispensable qui fait que l'on se sent immédiatement chez soi – notamment après avoir pris la route par une froide nuit d'hiver ! – sans pour autant encombrer de babioles notre bel espace.

Si la Chapelle n'est qu'un refuge de week-end, j'avais

auparavant habité la campagne à plein temps pendant huit ans, aux confins d'une petite ville de bord de mer dans le Dorset. Ces années-là furent pour moi formidablement intenses : je faisais mes propres pâtes, cuisais de lourds gâteaux bien soufflés, liais gaiement des bottes de lavande que je glissais entre les piles de draps, et j'étais parfaitement convaincue que j'avais découvert le secret de la vraie vie, ce que les Français appellent joliment « la douceur de vivre ».

J'ai alors appris à respecter le rythme des saisons, à ordonner mon temps durant les longs hivers sillonnés d'orages, l'atmosphère de la campagne avivant mes sens, pour me faire délirer joyeusement à l'apparition de la première petite primevère, si fraîche et désuète au bord de son talus.

Ma vie, durant ces dix dernières années, peut difficilement avoir été plus différente : j'habite actuellement une sorte de village bengali, curieusement situé à moins de cinq minutes à pied des rues les plus enchevêtrées de la Cité. Le merle qui a élu domicile chez moi entonne son chant à l'aube, quelques minutes avant d'être relayé par le muezzin du haut-parleur de la mosquée en carton-plâtre de Whitechapel, et l'atmosphère dans laquelle je commence ma journée est imprégnée d'une odeur de fenugrec.

Après environ cinq ans d'un bouillonnant va-et-vient journalistique et domestique dans cet endroit archi-urbain, je me suis rendu compte que si je ne possédais pas une cachette dans un coin champêtre, j'allais exploser. Un vilain début de maladie fit le reste. La Vieille Chapelle, à Laverton, hameau situé à quelques kilomètres de Bath, a surgi dans notre vie, à l'un de ces moments critiques où l'on ne rêve que de voir un nouveau destin se profiler à l'horizon.

J'ai toujours pensé que je trouverais une maison le jour où je ne la chercherais pas, et nous n'avons même pas eu à explorer les agences immobilières du sud-ouest : une amie d'amis avait entendu dire que la Chapelle était à vendre, une coquette chapelle baptiste. Elle avait été, ainsi que le proclament les chiffres inscrits sur la façade, construite en 1839, avec le matériau local – une pierre gris-blond. Au moment où Irma visita la Chapelle, celle-ci servait depuis des années de grange à un paysan. Les élégantes fenêtres géorgiennes étaient en miettes, la lumière du jour dardait ses rayons à travers les brèches du toit, le bois du plancher était pourri, l'unique pierre tombale du petit cimetière penchait tristement dans un foisonnement d'orties divisées par un vilain chemin de ciment. Il n'y avait ni eau, ni électricité, ni sanitaire d'aucune sorte ; la seule chose qui tenait vaguement debout était une masse de pierre avec un balcon de bois,

rempli de bancs d'église enracinés dans le sol, ainsi qu'une petite sacristie rapportée sur le côté, qui fut, à une autre époque, une salle de classe. Un passage semé d'ornières la bordait, avec, au-delà, un chêne noueux et un pin flegmatique, les pieds dans un ruisseau invisible ; au-delà, une pente douce en pâturage.

J'avoue humblement que je ne suis pas tombée amoureuse de la Chapelle au premier regard ; je suis arrivée là sur les chapeaux de roues, par une journée sinistre, je crois me souvenir que je me suis enlisée dans les labours, et la vision de la pauvre tombe solitaire me fit froid dans le dos. Mais, au fur et à mesure que les minutes s'écoulaient, je me surpris à échafauder des plans – un arbre à planter par ci, des pavés et des plantes dans le cimetière, des portes, à l'arrière, ouvrant sur le paysage – et j'ai senti alors, que ce petit coin de Somerset, vieillot et caché, était fait pour moi.

L'homme avec qui je vis est architecte, et la transformation de la Chapelle fut le premier chantier que Richard et

moi avons entrepris ensemble. J'imaginais déjà les querelles qui ne manqueraient pas de se produire. Mais, si nous nous sommes quelquefois disputés, ce fut rarement pour les décisions importantes. Par exemple, nous étions parfaitement d'accord pour préserver l'espace de la Chapelle. Cela veut dire que nous dormons dans un lit installé dans le chœur (page 10), occupant une grande partie du lieu. C'est évidemment moins intime, mais c'est tellement reposant pour l'œil de vivre dans une surface ouverte. Et s'éveiller, dans le soleil du matin, avec une vue d'ensemble magnifique, sublimée par la lumière des fenêtres voûtées, hautes de 4 mètres (page 7), frôle la perfection. La maladie des ormes a décimé notre joli coin du Somerset, aux dires de notre voisin que l'on aperçoit généralement, un sourire aux lèvres, trônant sur son tracteur. Par bonheur, deux arbres touffus se profilent quand même à l'horizon, épousant parfaitement les arches de la fenêtre, ainsi que je peux paresseusement le constater, de mon oreiller moelleux.

La première bagarre en puissance, celle qui fit claquer rageusement les portes de part et d'autre du maître-autel, à l'endroit même où les fidèles devaient se tenir religieusement, fut, d'une certaine manière, « négociée » sans effusion de sang. J'étais convaincue que la disposition des fenêtres existantes faisant tomber une lumière oblique d'ouvertures haut placées, donnerait l'impression de vivre au fond d'un puits, nous privant de la vue de la campagne.

J'aurais personnellement conçu deux portes-fenêtres prolongeant les voûtes des deux grandes ouvertures jusqu'au sol, mais Richard eut envie de dessiner quelque chose de plus fort. La Chapelle s'orne maintenant de deux élégantes baies vitrées à la Vanbrugh (page 7), s'ouvrant sur une dépression remplie de pierres et de moellons, qui devait devenir un sol pavé, avec un banc de pierre en demi-cercle, recouvert de plantes vertes.

Richard marqua réellement des points lorsqu'il réussit à faire trois pièces, minuscules et de forme singulière – une

petite salle de bains et une « entrée », dans l'ancienne sacristie – sans dénaturer le style des élégantes fenêtres George V. Un autre choix eût obligé à faire un sol de part et d'autre des hautes fenêtres tandis qu'avec le parti pris par Richard, la beauté intrinsèque de ce petit édifice austère est parfaitement respectée : inondé de lumière, il est en symbiose avec les arbres aperçus de l'autre côté du chemin, animés, au printemps, par l'incessante navette des oiseaux. Là où, en d'autres temps, se tenait l'autel, nous avons parfaitement sécularisé le corps principal de la Chapelle et, entre les portes-fenêtres, trône un vieux poêle danois en fonte, qui, tout au long de ses 6 mètres de tuyau, dispense une chaleur accueillante. Un tour de prestidigitation architectural a conjuré l'atmosphère de la sacristie transformée, que nous appelons, pour une raison inexplicable, « l'Annexe ». La chambre la plus biscornue est située au rez-de-chaussée : elle contient difficilement un grand lit et une commode, et son plafond s'élance directement du sol pour s'étirer, à l'autre bout du lit, sur toute la hauteur de la fenêtre majestueuse. Malgré ses infirmités, elle dégage une rare impression de paix, formant à elle seule une sorte de chapelle latérale avec une exquise vue champêtre sur « notre » chêne tutélaire, qui appartient en fait à tout le monde.

Livré à lui-même, Richard aurait probablement opté pour des murs blancs et un ameublement de style minimaliste. Je ne supporte pas les murs blancs en Angleterre, surtout s'ils sont de ce blanc brillant, qui, sous notre doux climat, a l'éclat des fausses dents... Je pus donc ajouter des couleurs d'une palette délicate. La décoration de la Chapelle est le fruit d'énormes efforts, quelquefois bien inspirés, quelquefois moins, le choix des couleurs dépendant des états d'âme du moment, harmonieux lorsque l'énergie est à son maximum, plus banal dans les moments de défaillance. Bien que je sois maintenant complètement impliquée dans la décoration, je n'avais pas encore la Chapelle en tête lorsque j'ai inventé ma formule de peinture à l'éponge. Le mélange du coloris pur additionné à une texture plus rustique m'a alors semblé idéal pour donner à ces grands murs si clairs des allures de fresques. Le bleu céruléen que j'ai utilisé pour le plafond de la petite chambre m'a donné entière satisfaction. Cette ombre tirant délicatement sur le vert, rehausse le lieu d'une atmosphère particulière de gravité qui, je l'espère, dispense aux amis qui l'habitent, temporairement, une sensation de calme parfait.

Ma première passion en décoration fut de peindre une péniche ; j'ai ensuite dérivé vers le folk art américain, pour m'intéresser récemment au style campagnard scandinave dont l'innocente hardiesse dans l'utilisation des couleurs, des textures et du trompe-l'œil m'enchante. À part la succession des trois petites pièces meublées de rotin facile à vivre, le mobilier est un ramassis de bric et de broc acheté aux Puces, et de cadeaux jolis et disparates. Nous avons mis un point d'honneur à improviser notre décor plutôt qu'à acheter des meubles (d'ailleurs, après les travaux, nous n'avons plus un sou !). Le jeu consistant à mettre ensemble ces objets de pacotille pour qu'ils se marient visuellement, est une gageure qui me réjouit particulièrement. Ma meilleure idée jusqu'à présent fut d'utiliser des chutes de marbre, quelques dessus de table de toilette cassés et des résidus de pierres tombales dont nous avons hérité avec la Chapelle, pour fabriquer le sol de la minuscule salle de bains, appréciant, pour la première fois dans ma vie de spécialiste du trompe-l'œil, un carrelage de vrai marbre.

À première vue entreprise hasardeuse, l'expérience que fut la décoration de la Chapelle a été pour moi un très grand plaisir. J'ai toujours espéré que nos amis qui viennent nous voir apprécieraient le résultat, sans réaliser le mal que cela m'a donné. Si, dans ce cadre, ils ont l'impression de vivre plus intensément, et que cela puisse avoir un rapport avec les couleurs que j'ai choisies en essayant de les harmoniser aux vertes collines alentour, c'est déjà un beau compliment !

Si j'ai voulu, en avant-propos à cet album de « coups de cœur » à travers le monde, raconter mon histoire passionnelle avec la Vieille Chapelle, c'est parce que cette expérience personnelle n'est pas unique : il y a, comme ça, des maisons-rencontre qui sommeillent dans le cœur de chacun de nous, comme un coup de foudre avec l'homme de sa vie au moment où on s'y attend le moins. Souvent mal situées, presque toujours en ruines, généralement au-dessus de nos moyens et dans le meilleur des cas, sujets de conflits journaliers, elles font notre conquête en quelques secondes et habitent furieusement nos pensées, ne laissant aucun répit à notre instinct de possession. Nous les voulons à tout prix, et je suis maintenant persuadée que nous avons raison.

Même si leur réhabilitation nous donne un mal fou, le jeu en vaut la chandelle, et je crois bien que c'est le joyeux message que mon amie Mary Trewby a réussi à faire passer dans son livre en montrant ces réalisations délicieuses.

VUE D'ENSEMBLE

RÊVER L'AUTOMNE
Blottie dans un creux, cette petite maison à colombages est construite en pierre et en ciment. Toit pentu, volets bien entretenus, belles ouvertures de fenêtres et cheminée fumante sont les caractéristiques les plus typiques des maisons de campagne. Les marteaux de porte, comme ce poing de bronze, sont souvent le fruit d'une imagination débordante.

Le style campagnard est invariablement synonyme de simplicité et de pratique, en symbiose avec le paysage environnant et le mode de vie local, bien que l'aspect des habitations, les matériaux, les couleurs utilisées et les techniques de construction puissent être totalement différents. Mais qu'il s'agisse d'une minuscule chaumière, d'une maison en bois naturel avec une véranda, ou d'un grand édifice un peu de guingois, l'approche est similaire : utilisation consciencieuse des matériaux, plans bien précis, proportions confortables. Le respect des lieux et des traditions locales se manifeste de lui-même par l'utilisation des matériaux – par exemple les placages de marbre dans le centre de l'Italie aux environs de Carrare, ou les toits d'ardoise au pays de Galles – et dans les différents styles de décoration – comme les entrelacs de fer forgé en Louisiane, les peintures imperméables dans le sud de l'Angleterre ou les poutres décorées des fermes françaises et hollandaises.

Le charme du cottage anglais a inspiré les architectes du Mouvement Arts and Crafts (des Arts Populaires), formé au milieu du XIXe siècle, en réaction contre l'éthique de la révolution industrielle, leur but étant de sauvegarder la pratique des métiers artisanaux. La Maison Rouge près de Londres, conçue pour William Morris par Philip Webb en 1860, est le meilleur exemple des constructions traditionnelles de la région. Webb et les autres émules du Mouvement avaient suivi les règles des artisans locaux, n'utilisant que leurs techniques et leurs matériaux habituels. Ils ont cependant fait évoluer les idées de base en créant des villas tentaculaires, à la manière de celle d'Henry Hobson Richardson sur l'île de Rhodes, toute de brique et de pierre avec un toit à pignon, ou encore la maison de jeu Greene and Greene en Californie, complètement revêtue de galets. Franck Lloyd Wright a repris l'idée d'utiliser des matériaux du cru et l'a poussée à l'extrême, en construisant une série de maisons californiennes avec des briques moulées dans le sable trouvé sur place.

Entre les mains de ces architectes, ces humbles chaumières campagnardes sont devenues des œuvres d'art architectural, et les plus séduisantes que nous connaissions sont, en fait, des copies issues de l'imagination de ces précurseurs.

À CHACUN SON STYLE
Vues de l'extérieur, les maisons les plus réussies sont celles qui donnent l'impression de se fondre dans le paysage. Un ancien cottage anglais (à gauche), superbe avec son toit en ardoises, est auréolé de roses grimpantes. La belle arche voûtée encadre l'entrée de la porte, attirant le visiteur vers les mystères de son obscur couloir.

En revanche, le charme de cette maison construite au début du XVIIIe *siècle dans le Connecticut (en haut à droite) repose sur ses formes épurées. Peinte en jaune très pâle bordé de blanc, avec sa porte verte, cette maison de bois est conçue autour d'une cheminée centrale, placée de telle manière qu'elle chauffe toute la maison.*

Le bois sombre de cette maison finlandaise se marie parfaitement à la forêt de pins qui l'entoure. Pour un meilleur effet décoratif, le bois est teinté en brun foncé, mis à part le dessous du toit et le tour des fenêtres. Les madriers ont été fixés ensemble aux quatre coins du chalet, afin que la structure puisse se dilater et se contracter suivant les différences de température, ce qui aurait été impossible s'il avait été construit en bois et en métal.

Un hospice dans l'Essex (au verso), recouvert du lavis rose typique de la région, avec ses petites tuiles plates et son toit bordé d'une corniche de bois peint.

EN NORMANDIE LA GLYCINE

Soutenant le porche de cette petite maison française, les belles poutres d'une charpente ancienne... Ce genre de structure peut être utilisé pour cacher un vilain mur ou des fenêtres trop grandes, faisant, comme ici, un support idéal pour des grappes de glycines.

CLÉMATITES DANS LE CUMBERLAND

Des plantes grimpantes, comme les clématites qui couronnent cette maison (ci-contre) peuvent enjoliver un mur sans intérêt. Certaines espèces dispensent de la verdure toute l'année et se couvrent de fleurs au printemps et en été. Pour s'assurer une saison bien fleurie, il est souhaitable de planter des espèces différentes.

GÉRANIUMS À MAJORQUE

Ici, (ci-contre) des géraniums qui durent toute l'année, jaillissent de trois pots en terre, près d'un tonneau rempli d'un feuillage touffu. Un arbre en espalier (ci-dessous) a été taillé de manière à encadrer la fenêtre, subterfuge décoratif pour donner du caractère à un mur trop plat.

FEUILLES LUXURIANTES À COPENHAGUE

Il existe deux types de plantes grimpantes.

- Celles qui s'accrochent d'elles-mêmes comme l'Hortensia grimpant. Elles demandent peu de soins, mais si le mur est vieux, elles l'endommageront et, le jour où vous voudrez le réparer, elles ne résisteront pas à la transplantation.
- Celles qui ont besoin d'un support ou d'un treillage, comme les clématites, les roses, le jasmin d'été. Elles demandent des soins vigilants, mais on peut les transplanter.

LES MATÉRIAUX

Le bois est souvent le matériau le moins coûteux et le plus accessible pour édifier une maison. À travers le monde, il est l'âme de toute charpente. On le retrouve dans les chalets de Savoie, les maisonnettes du nord des États-Unis, d'Australie ou de Nouvelle-Zélande. Leur style n'est pas très différent de celui des fermes européennes traditionnellement bâties en pierre, mais il varie selon les régions où il est implanté. En Nouvelle-Zélande, par exemple, la véranda est généralement plus étroite qu'en Australie où, le climat étant plus chaud, elle est utilisée comme pièce supplémentaire de plein air, salon ou salle à manger. Le style des fioritures – généralement en fonte, en bois ou en fer forgé – varie selon les régions, l'artisanat local et la créativité des artistes.

La pierre prédomine dans les maisons de campagne en Europe : les petits cottages irlandais à deux étages sont construits avec la pierraille ramassée dans les champs et, dans le Roussillon, on utilise la pierre rouge et ocre du pays.

Le style d'une région est aussi facilement repérable par la configuration de ses toits : dans la vallée de la Loire, on utilise l'ardoise, la tuile ronde a fini par symboliser l'habitat méditerranéen et les toits de bardeaux coiffent la plupart des maisons texanes. Dans certaines régions, les murs de pierre sont recouverts d'enduit, ou encore d'un pittoresque mélange de terre et de sable trouvés sur place.

Au Mexique et dans le sud-ouest des États-Unis, les murs intérieurs de ces maisons basses à toit plat appelées adobes, sont revêtus de terre. Selon une méthode apprise en Afrique du Nord, utilisée depuis des lustres par les autochtones et adoptée par les colons espagnols, on mélange de la terre, du sable et de la paille pour former des briques que l'on fait ensuite sécher au soleil.

La brique rouge, dans sa forme classique et rectangulaire, est utilisée dans toute l'Europe et dans certains endroits du Nouveau Monde, où elle fut apportée, de même que ses techniques de fabrication, par les immigrants européens, notamment les Hollandais. Ces derniers ont également introduit l'usage du mur pignon, ainsi que leur manière de créer des motifs décoratifs en montant les murs de brique : alternance de briques grises et rouges en forme de losange, ou alternance de leur longueur et de leur largeur.

CHATOYANTES ARDOISES
Les différentes teintes de gris que reflètent les ardoises de ce toit pentu (ci-dessus) illustrent parfaitement les nuances que l'on peut trouver dans les matériaux naturels.

JEUX DE BOIS
La couleur initiale des larges lattes de bois dont on a fait ce mur (à droite) s'est altérée au fil des saisons.

CHAUME DOUILLET
Les murs de cette chaumière normande, recouverts d'un enduit blanc, sont un support idéal pour ce toit bien structuré.

FER ET PLÂTRE
Ce sont les détails extérieurs qui donnent son cachet à une maison : cette poignée de porte en fer oxydé (ci-dessus à gauche) est un merveilleux exemple de l'habileté et de l'ingéniosité créative de l'artisan qui l'a imaginée.

Le clayonnage de ce mur (ci-dessus à droite) dont les madriers ont viré au gris argenté avec le temps, contraste heureusement avec le plâtre blanc.

BRIQUE ET BOIS

Un bel exemple de chevrons : confectionnés avec de longues briques couleur d'orange brûlée (ci-dessus à gauche), ils ont été pris dans une mince couche de ciment, bordée d'épaisses poutres peintes en ocre.

Équipée d'un loquet et de solides verrous (ci-dessus à droite), une modeste porte au bois altéré par le temps est faite de planches grossières consolidées par une traverse.

COULEURS ET MATIÈRES

CONTREVENTS

Contrastant avec l'enduit rouille des murs, les châssis de fenêtres de cette maison sont peints en blanc brillant et encadrés par la pierre brute. Naturellement opposé au bleu canard utilisé pour les simples contrevents, l'effet surprenant de ce mariage inhabituel est aussi fort que réussi.

VOLETS INTÉRIEURS

De fines planches juxtaposées horizontalement et se chevauchant les unes les autres forment le mur extérieur de cette maison XVIIIe *construite en lattes de bois dans le Connecticut. Peinte dans le rouge vermillon traditionnellement réservé aux fermes du pays, le contraste, ici, provient des coloris originaux et variés des volets intérieurs.*

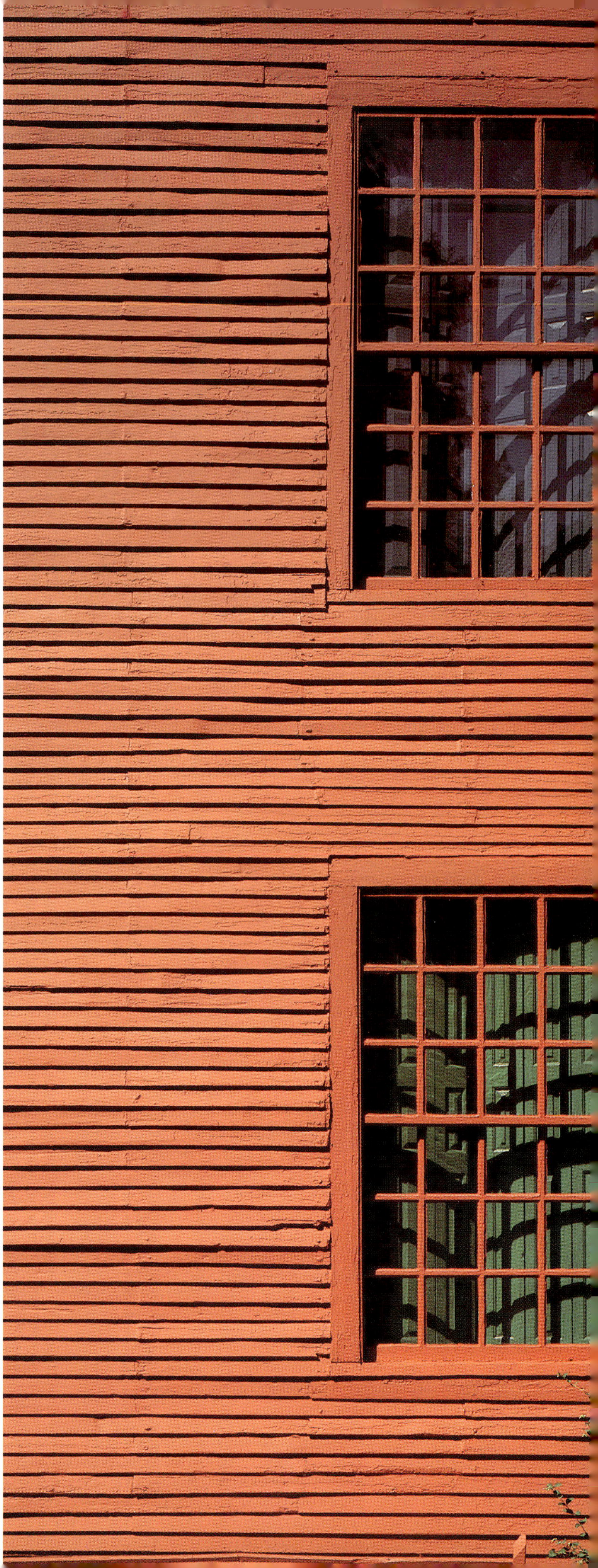

Jouer avec des matériaux opposés, brique contre chaux, pierre brute contre pierre polie ou bois rutilant sur murs enduits, fait partie des innovations que l'on peut se permettre dans une maison de campagne. On peut utiliser avec succès un certain matériau pour les murs, un autre pour les encadrements de portes et de fenêtres, un troisième pour le toit et un dernier à des fins décoratives : des murs en crépi peint peuvent s'orner de pierre taillée ; on peut entourer des portes et des fenêtres laquées d'un enduit mat ou coiffer un cottage anglais typique d'un toit d'ardoises.

En Italie, certains architectes ont encadré portes et fenêtres de pierres de différentes tailles, scellées par des joints en ciment, le tout surmonté d'un toit de tuiles. Lambrisser un mur banal de lattes de bois horizontales est une bonne idée si on l'harmonise avec un toit en bardeaux. Dans les adobes mexicains, les ouvertures de portes et de fenêtres sont souvent rehaussées de dentelures faites à même la pierre, ou d'un large bandeau peint, de couleur éclatante.

Si la peinture extérieure d'une maison n'est pas en harmonie avec son environnement, elle aura toujours l'air d'avoir été posée là, par hasard, même si tout le reste est parfaitement réussi ! Lorsque vous en êtes à la phase finale, qu'il vous faut choisir les combinaisons de couleurs, prêtez attention à ce qui entoure votre maison, et informez-vous des traditions de la région. Les Méditerranéens préfèrent des couleurs plus douces que les vermillons, les ocres, les vert pomme ou rose garance de la campagne française, irlandaise ou anglaise. En Amérique du Nord, la palette s'étale du blanc au noir, en passant par le rouge vif. Au Mexique, la tradition est de mélanger force et chaleur : rouge et rose, bleu violacé et vert émeraude. Les Scandinaves utilisent instinctivement les qualités réfléchissantes du blanc pour accentuer le bleu du ciel et de la mer. Dans tous les cas, le meilleur moyen de réussir l'extérieur de sa maison en préservant le style local, est de marier heureusement couleurs et matières.

Sur du bois, il est facile et peu coûteux de poncer une peinture décevante pour la remplacer par une autre en harmonie avec celle du mur. Un mur ordinaire peut devenir intéressant si l'on y pose un treillage que l'on peindra d'une couleur différente, ou contre lequel on fera pousser des plantes grimpantes.

Une maison en brique peut être peinte en blanc, ou couverte de plantes grimpantes, lierre ou ampélopsis. Une pergola réduira des fenêtres trop grandes. Des plantes ou de grands pots de céramique égaieront une entrée trop impersonnelle.

IDÉES SUBTILES

Les villageois du Midi de la France, comme ceux des îles grecques ou italiennes, aiment suspendre à l'extérieur de leur porte un rideau de raphia, de bois, ou de lin grossier pour se protéger des insectes, de la chaleur et des yeux indiscrets. Les habitants d'Ibiza enfilent des petits morceaux de bambou (ci-dessus à gauche) pour former un rideau tintant joyeusement au gré du vent, sur une porte aussi bleue que le ciel du pays.

SUBTILES COULEURS

On est tenté, à la campagne, d'utiliser des couleurs qui seraient incongrues en ville. L'intensité de la lumière accuse le contraste entre ce volet couleur framboise (en haut à droite) et le mur de plâtre jaune moutarde ; le vert d'eau de la porte (en haut à l'extrême droite) attire celui de la vigne naissante ; quant à ce mur d'un jaune acide (ci contre), il procure à une urne de terre cuite une délicate toile de fond.

PORTES ET FENÊTRES

L'originalité d'une maison s'affirme souvent par le choix que l'on fait du modèle de ses portes et fenêtres. Traditionnellement gouvernées par les règles immuables de la proportion, leur implantation, leur forme et leur taille doivent être en rapport non seulement avec la forme et la taille du toit, les surfaces planes des murs, les espaces définis entre le rez-de-chaussée et les étages, mais aussi avec les éléments de décor déjà en place. Ces règles simples et universelles, ont été instinctivement comprises par les villageois mexicains, américains, aussi bien que par ceux d'Europe ou d'Australie.

Si les fenêtres existantes sont trop larges ou trop grandes, ajoutez-leur des persiennes, un habillage de plantes ou peignez de noir les armatures. Les ouvertures de fenêtres trop étroites peuvent être avantageusement peintes en blanc, et si l'on y pose des volets, elles apparaîtront plus grandes.

Vue du dehors, la maison peut être cachée par une haie touffue, par un mur de briques ou une palissade de bois peint. Lorsqu'on pousse le portail, un pas en avant et... la porte d'entrée devient le centre d'attraction : si elle n'est pas en parfaite harmonie avec l'architecture de l'édifice, cela peut casser l'unité de l'ensemble. Dans ce cas, il ne faut pas hésiter à la remplacer, à égayer l'entrée avec des plantes grimpantes ou des buissons de lavande qui prolifèrent rapidement. La couleur de la porte est aussi importante que ses proportions, si l'on veut faire partager à ses visiteurs l'impression souhaitée : elle doit être en harmonie avec la matière des murs qui l'encadrent et la lumière diffusée. Dans les pays froids, des couleurs simples – vert foncé, noir ou rouge – sont conseillées, tandis qu'il vaut mieux réserver les bleus et les verts tendres, les roses et les jaunes aux régions ensoleillées.

Le style champêtre n'a pas besoin de détails historiques pour être réussi, mais il exige instinct et éclectisme. Dès l'entrée, son charme particulier peut être ressenti grâce à un heureux mélange de curieux objets de décoration de styles et d'époques différents : panneaux de terre cuite, colonnes de marbre, objets en bois, girouette ancienne...

LE GOÛT DU DÉTAIL...
Une maison peut avoir, au premier coup d'œil, un aspect champêtre, si l'on sait habiller sa porte ou sa fenêtre : à l'extrême gauche, des moulages en plâtre sont simplement posés sur un rebord de fenêtre carrelé. Subtils : avec leur innocente découpe en losange, les contrevents de bois gris pâle, en camaïeu avec la pierre et la terre du mur.

À gauche : les larges vitres de la porte d'entrée toute blanche, sont drapées d'un châle de dentelle, dont la douceur contraste avec le bleu dur du contrevent extérieur. L'encadrement est souligné par un bandeau où la pierre naturelle apparaît de couleur crème.

...MÊME À L'ÉCOLE !
À droite, typique des constructions traditionnelles de cette partie de l'Amérique du Nord, une école de la Nouvelle-Angleterre, avec son mur de planches impeccablement peintes de blanc, ses contrevents verts tout simples et son toit en shingle. Également laqués de blanc, la barrière et son portillon. Ces éléments unis par une élégance simple et de bon ton, forment un exemple d'extérieur campagnard parfaitement réussi.

FLOUR

ENTRÉES ET ESCALIERS

RÉCHAUFFER L'ATMOSPHÈRE
Dans cette entrée aux couleurs de miel, le plafond supporté par des poutres d'origine et un dallage en pierre lustré par les ans se mélangent artistiquement aux madriers noueux et aux commodes de bois rustique. Une entrée de belle proportion comme celle-ci peut être agréablement utilisée comme salle à manger.

Objets usuels, ces vanneries et moules à beurre en bois (ci-dessus), disposés çà et là, sont des exemples exquis de la beauté naturelle d'objets créés par des artisans.

Une maison de campagne accueillante est, pour celui qui entrebâille la porte d'entrée, un lieu inattendu, rehaussé par des matériaux naturels. Parfois, la perspective s'étend du vestibule jusqu'à la porte qui s'ouvre sur le jardin, offrant aux trouées de lumière formées par les pièces attenantes, des ombres joyeuses et colorées.

Parfois, le hall d'entrée est occulté par des portes ou des rideaux, révélant graduellement les trésors qu'il veut bien faire partager au visiteur. Couleurs, matières et ornements perçus au détour des portes entrouvertes, influent sur l'atmosphère des entrées et des escaliers. S'ils sont de dimensions réduites, comme souvent dans les intérieurs modernes, profitez-en pour vous livrer à quelques extravagances : des murs peints avec un effet de marbre et un sol en ardoise ; un parquet de chêne dans toute la pièce, ou un papier peint William Morris marié à un tapis d'un motif oriental, d'un bout à l'autre du corridor et sur les marches de l'escalier.

BOIS PEINT...
Des bois différents, des couleurs heureusement mariées, et des matières contrastées donnent à cette entrée une chaleur particulière. L'effet est accentué par les tapis de lirette et les tentures des murs, un vieux coffre débordant de bûches, un secrétaire de bois peint, et une paire de belles chaises patinées.

... ET CAMOUFLAGE
Comme il est souvent d'usage à la campagne, des murs peints gris pâle se confondent avec des portes de placards de la même teinte. Ci-contre, le placard construit en angle, offre à l'œil un décroché plus intéressant que si l'on y avait simplement posé un meuble.

HALLS D'ENTRÉE

BOIS PATINÉ
L'élégance de cette sombre boiserie rustique, dont la fabrication rudimentaire est admirable, attire le regard. L'atmosphère est intensifiée par l'apport du guéridon sur la droite, et d'une chaise cannée XIXe.

PEINTURE VELOUTÉE
L'impression de solidité donnée par cette porte est adoucie par la délicatesse de la peinture vert pâle, sur laquelle glisse un rai de lumière. Subtilité du détail : un magnifique carrelage crème et gris-vert, et un fauteuil vendéen peint, orné d'un coussin fleuri.

Le hall d'entrée d'une maison de campagne est une halte à mi-chemin entre l'univers extérieur et l'abri chaleureux du foyer. Les sols doivent y être bien pensés, tant pour leur beauté que pour leurs qualités pratiques : planches épaisses ou parquet, dalles patinées, carreaux de céramique aux tons chauds, brique rouge ou damiers noir et blanc, sur lesquels on jettera un tapis ou une natte épaisse pour ajouter une matière intéressante. Les murs peuvent être peints, tapissés de papier ou de tissu, ou traités d'une manière plus originale que ceux des corridors : le hall d'entrée peut s'orner d'un trompe-l'œil, d'un panneau de tommettes encaustiquées, ou être recouvert de belles boiseries. Il y faut un endroit pour suspendre les manteaux et déposer les parapluies, peut-être une table pour le courrier et les journaux, sur laquelle on peut placer une coupe remplie d'un pot-pourri ou un vase de roses.

Le hall d'entrée idéal, dans les grandes maisons, est un lieu spacieux ouvrant sur plusieurs corridors qui donnent sur les pièces privées, et sur un escalier majestueux conduisant aux étages supérieurs. Dans une entrée de style médiéval, avec des boiseries et un sol en pierre, l'on peut disposer une banquette à trois places avec un dos lambrissé et des pieds chantournés, et une grande table en chêne ou un vieux coffre. Les Italiens aiment placer un banc de jardin en pierre contre un mur peint en ocre pâle. Une entrée de style américain se reconnaît à ses murs blancs auxquels sont accrochés des tableaux de scènes champêtres, et un carrelage à damiers sur lequel on aura posé une table ancienne, un coffre ou un cabinet.

Dans de nombreuses maisons de campagne, une double porte protège du froid et isole l'entrée du reste de la maison. Elle peut être vitrée, avec du verre dépoli ou façon vitrail. C'est une manière classique de traiter une entrée, surtout lorsqu'elle est prolongée par un corridor étroit. Pour rompre la perspective d'un vestibule trop en longueur, on peut les doter d'une arcade et y suspendre de lourds rideaux qui marqueront une séparation entre les pièces communes, les chambres à coucher et la cuisine.

Il faut aussi prévoir un emplacement pour les manteaux, les parapluies et les bottes en caoutchouc. S'il y a suffisamment d'espace, vous pourrez les ranger dans un beau meuble : grand placard à double porte, élégante armoire ou cabinet d'angle peint. Pour gagner de l'espace dans une entrée minuscule, intégrez dans les murs placards et tiroirs en bois d'une belle veine ou en bois peint. En outre, le fait de peindre murs et placards de la même couleur, donne une unité à l'espace, et le choix d'une teinte blanche ou d'une couleur douce la fera paraître plus grande.

De nombreux logements n'ont qu'une petite entrée, sans corridor ni escalier : dès lors, un sol en carreaux de céramique fabriqués dans les environs, ou en briques disposées en chevrons ou découpées à la main, un plancher de chêne donneront une impression rustique, et vous pourrez traiter très simplement les portes et les murs. L'aspect intérieur de la porte d'entrée obéit dans une certaine limite aux considérations de sécurité. Les citadins sont généralement rassurés par une solide porte blindée qui peut être masquée par des panneaux décoratifs ou par une porte rustique. Mais ils n'auront pas autant de charme qu'une vraie porte en bois, vitrée ou non.

DÉBARRAS
On peut utiliser l'espace efficacement et entreposer toutes sortes de choses en fixant au mur d'une entrée de service un porte-manteau et des étagères (à l'extrême gauche). Les paniers peuvent être suspendus à des crochets fixés au plafond.

Une entrée de service assez spacieuse peut être utilisée comme chambre d'appoint. Dans le cas précis (ci-contre), vêtements pendus et bûches empilées forment une nature morte autour d'une cheminée en hauteur, dont le foyer est encadré de briques laquées.

Il n'y a aucune raison pour cacher les objets usuels (ci-dessus) comme les bottes en caoutchouc. Leur rangement en hauteur est ici très astucieux.

L'ART D'AGRANDIR UNE ENTRÉE

Entrées et escaliers d'une maison fournissent des espaces à utiliser avec ingéniosité.

- Renforcez l'accrochage des étagères de bois par des baguettes ou des équerres. Si elles sont en métal, peignez-les de la couleur du mur.
- Dans un couloir, rangez les livres sur des étagères peu profondes. Sur des étagères plus larges, vous pouvez disposer des paniers d'osier en guise de tiroirs. Des traverses à claire-voie peuvent se transformer en garde-manger.
- Suspendez manteaux, imperméables, et matériel de sport à des crochets de cuivre, fixés au-dessous des étagères ou à des patères murales qui prennent moins de place qu'un perroquet.
- Fixez de grands crochets aux poutres, afin d'y suspendre paniers et fleurs séchées. Dans la cage d'escalier, un vieux séchoir en bois peut être également utilisé pour suspendre des objets.

COULOIRS, PASSAGES ET PALIERS

Les couloirs et les paliers étant les dégagements les plus fréquemment empruntés de la maison, les matières utilisées pour leur décor doivent être choisies tant pour leur charme que pour leur solidité. Dans les intérieurs rustiques, on utilisera des matériaux naturels, et un soin particulier est apporté aux sols, éléments majeurs des espaces de transition.

Ils servent aussi à délimiter les pièces communes et les pièces plus personnelles par l'usage de matériaux appropriés : marbre ou tommettes cirées pour conduire aux pièces de réception, bois plus ordinaire, linoléum ou moquette dans les endroits moins fréquentés. Le sol de l'entrée peut être revêtu de marbre patiné en larges dalles incrustées de dessins en forme de losange, se prolongeant jusqu'aux chambres dont les parquets seront recouverts de tapis d'Orient, pour contraster couleur, matière et atmosphère. On peut aussi utiliser le même revêtement dans les couloirs et les autres pièces afin d'apporter une unité au décor : plancher ciré ou, comme dans beaucoup de fermes restaurées, dalles de pierre sur tout le rez-de-chaussée.

À la campagne, dans les couloirs, on traite souvent la partie basse du mur différemment de celle du haut. Pour faire paraître un passage plus large on peut lambrisser le bas et tapisser l'intérieur des panneaux d'un papier épais à reliefs que l'on peindra ensuite d'une couleur plus foncée que celle utilisée sur la partie haute du mur. Ou, si l'on garde au mur une teinte uniforme, l'intérêt sera néanmoins créé par le contraste des matières. Des créateurs comme Tricia Guild ou Laura Ashley sont revenus au parti-pris très victorien de mélanger différents modèles de papiers peints – des petites fleurs avec des grandes, par exemple. On peut aussi imaginer un « faux » lambris, en utilisant une couleur plus forte sur la partie basse d'un mur en plâtre, en posant un papier peint ou une bordure au pochoir à hauteur de lambris, ou en le peignant en trompe-l'œil.

Si un couloir est trop haut, en peignant le plafond moulure comprise, on peut donner l'illusion qu'il est plus bas. Une couleur foncée accentuera cet effet. Il y a fréquemment, dans les maisons de campagne, des détails architecturaux – murs ou plafonds – de forme inhabituelle, et il est toujours intéressant de les utiliser d'une manière audacieuse : l'inclinaison d'un plafond peut être soulignée par une ligne au pochoir ; une fenêtre ou un chambranle de porte de guingois peuvent être délimités par une bande de couleur ; un œil-de-bœuf, encadré par un cadre de bois sculpté.

Traités simplement, les portes et leur chambranle ont

NATUREL
Posé sur une étagère intégrée au mur, ce grand pichet classique en terre domine la cage de l'escalier aux poutres rustiques, peinte dans des couleurs nuancées. Sa forme massive contraste avec la préciosité des petites bouteilles de verre soufflé, posées, près d'une paire de sabots, sur le rebord de la fenêtre.

NONCHALANT
L'œil est attiré par la vannerie ouvragée de ces corbeilles exposées sur le mur d'un palier. Au-dessous, une collection de quilts délicatement fanés sont empilés avec cette nonchalance que l'on aime trouver à la campagne.

meilleure allure : bois décapé, ciré ou verni, ou peint de même couleur que le mur, ou le lambris. Une solide porte en bois peut être vitrée, afin de laisser la lumière naturelle filtrer dans le vestibule ; les portes pleines offrent une surface pour réaliser un trompe-l'œil ou un décor au pochoir.

Les paliers présentent souvent des angles morts qui pourraient être utilisés pour mettre en valeur une collection ou pour construire un placard supplémentaire. Les petits meubles d'angle peuvent se loger dans un coin du palier ; un coffre peut devenir siège sur un petit palier carré ; un long buffet étroit ou une console peuvent créer un centre d'intérêt si l'on y dispose des vases de forme différentes, emplis de fleurs, de feuilles et d'herbes fraîches.

ORDONNÉ
Dans un coin créé en condamnant une porte, une armoire spacieuse trouve sa place sous les poutres du plafond. Peintes en blanc cassé comme les murs, elles donnent plus de lumière que si le bois avait été laissé brut.

ESCALIERS

Les escaliers sont le pôle d'attraction d'une maison de campagne ; ils peuvent être de styles très divers. Leur largeur varie généralement d'un mètre à un mètre trente. Ils peuvent être en bois plein avec des balustres droites et un simple pilastre ; certains sont en bois sculpté ou tourné, avec une rampe rainurée, et garnis de panneaux ouvragés ou peints. Au centre de la maison, la perspective d'un escalier se divisant en deux volées identiques est impressionnante, contrairement aux échelles de meunier, rudimentaires mais néanmoins charmantes.

Les traditionnels escaliers de bois des villas australiennes, des maisons de la Nouvelle-Angleterre ou des cottages anglais du XIXe, sont souvent cirés ou peints, et recouverts d'un chemin d'escalier convenablement fixé afin d'éviter tout risque d'accident. Parfois, un liseré de chaque côté du tapis accentue le clair-obscur créé par la succession des marches et des contremarches. Les Shakers animent les contremarches d'exquis dessins au pochoir, laissant brutes

TROMPE-L'ŒIL
Le minutieux dessin géométrique peint sur ces marches (ci-contre) donne vraiment l'illusion d'un tapis d'escalier. La densité du motif exige une bordure dépouillée : ici l'on a utilisé une simple peinture blanche, afin que le résultat obtenu ne soit pas confus.

CLASSIQUE
La couleur grise, utilisée sur ces plinthes, accompagne la trajectoire des marches dans une diagonale subtile (ci-contre). Ce choix décoratif souligne les lignes pures et la finition parfaite d'un honnête escalier de bois.

marches et balustrade. Dans les adobes ou les fermes italiennes, les escaliers sont faits dans des matériaux solides mais froids, pierre ou ciment. Les Italiens préfèrent garder la pierre naturelle, mais dans les adobes, les escaliers sont peints comme les murs et les plafonds de la maison, dans des couleurs souvent très vives.

Parfois, le lambris de la pièce se poursuit le long du mur de l'escalier. Parfois, l'inclinaison de l'escalier est simplement soulignée par une plinthe ou par un autre genre de décoration qui peut être repris au plafond, afin de définir le niveau de l'étage supérieur : cela donne un espace intéressant à décorer d'une fresque ou d'une peinture au pochoir. La cage d'escalier est généralement le mur le plus haut de la maison et souvent le plus vide. Il peut être transformé en galerie de peinture, de portraits en pied, ou utilisé pour exposer des collections de cannes ou de harnais anciens. Chapeaux de paille, bottes, sacs, paniers et parapluies sont faciles d'accès lorsqu'ils sont posés entre les balustres.

ARCHITECTURÉ

Les qualités architecturales de ce magnifique escalier de pierre excluent le besoin d'ornements (ci-contre). Les marches, constituées de pierres inégales, s'élargissent vers le bas, offrant un siège naturel qui donne l'envie de faire une halte dans cette entrée spacieuse.

À l'inverse, la balustrade en bois sculpté de cet escalier recouvert de coco (ci-dessus), tournant brusquement vers l'étage supérieur, est le point de mire de cette entrée. L'espace environnant, souvent mal utilisé, est comblé ici par une exquise accumulation de paniers, aussi originaux que rustiques.

AUDACIEUX

Dans une maison mexicaine, on a construit un escalier intérieur d'un style très moderne (ci-contre) à partir de poutres généralement utilisées pour les charpentes. Le reste de la maison a été imaginé en suivant un concept audacieux : solide menuiserie laissée apparente, murs rugueux, peinture rose assez violente, sans oublier le jeu du soleil qui diffuse ses rayons chatoyants au travers du plafond à claire-voie.

DIVERGENT

Des marches divergentes ont été construites selon les mesures des étages inégaux de cette maison de campagne ancienne et bien française. L'on a aménagé habilement une chambre sous les combles pour avoir plus d'espace, et l'on a ajouté, de ce fait, une marche supplémentaire un peu tronquée à cet escalier. Les girons sont couverts de carreaux en terre cuite patinée, bordée de bois, et les contremarches sont en plâtre, de même couleur que les murs.

CONTREMARCHES

Les parties les moins utilisées d'un escalier étant les contremarches, on peut les décorer sans risquer de les abîmer, en alliant girons de bois simplement poncés et contremarches peintes en blanc ou crème. On peut aussi les laisser à l'état naturel, mais elles sont plus jolies peintes, ou décorées au pochoir.

- Un simple motif central, comme un oiseau, peut être répété sur chaque marche.

- On peut peindre chaque contremarche d'un motif différent, mais sur le même thème, fleurs, jouets ou animaux.

- On peut recouvrir les contremarches d'un motif identique : dessin géométrique bicolore ou thème d'inspiration italienne.

- L'on peut fixer aux contremarches des formes en métal ciselé – girouettes, maisons, étoiles, cœurs –. On peut aussi les carreler de beaux carreaux, trop précieux pour être utilisés sur le sol.

LES SALONS

GOÛTS RUSTIQUES
L'atmosphère du style dit rustique est parfaitement rendue par l'heureux mélange de couleurs, de formes et de matières de ce salon chaleureux (à gauche). À côté de la cheminée, un tas de bûches empilées du sol au plafond est aussi utilitaire que plaisant à regarder.

Détail de charme : la serrure de fer artistiquement forgée posée sur une porte peinte (ci-dessus).

Bien à l'aise dans un grand fauteuil recouvert de chintz, auprès d'un feu qui crépite, le chien roulé en boule devant l'âtre, des livres empilés à vos pieds et, sur des petites tables répandant le parfum des fleurs du jardin qui se mêle à celui du feu de bois, comment ne vous sentiriez-vous pas au royaume des bienheureux ?

Dans une maison de campagne, le succès du salon réside dans son confort et dans la convivialité qu'il suggère. Par petites touches, le mélange de la tradition, de la spontanéité et de l'éclectisme donne généralement de bons résultats : charme des matériaux naturels alliés à des meubles et objets artisanaux, styles régionaux, objets intimes, décors et couleurs inspirés par la campagne alentour. C'est d'ailleurs tout aussi vrai en ville, que la maison soit moderne ou ancienne.

On utilise généralement une couleur blanche ou très pâle pour l'ensemble des murs, sans se soucier des changements de matières, lambris ou moulures. On peut, en revanche, rehausser ces particularités architecturales par la pose d'un papier peint imprimé ou par un changement de couleur. La peinture peut également être utilisée pour produire des effets : on peut alors donner à une moulure un effet « dalles de pierre », souligner une corniche par une bordure au pochoir ou par une bande de couleur.

Les teintes plus foncées donnant un aspect lourd et triste, on peut les atténuer en cassant la couleur par l'application d'une couche plus claire sur un arrière-plan contrasté : cette technique de la peinture au badigeon, au tampon ou à l'éponge, apporte au mur une sensation de vie.

Pour les sols, des planchers peints, un parquet de chêne ciré jusqu'à l'obtention d'une patine veloutée, d'imposantes dalles de pierre, des briques vernies disposées en chevron ou de traditionnels carreaux de céramique aux tons chauds, possèdent tous une beauté que le temps n'altère pas et créent une bonne ambiance de départ pour la décoration d'un salon à la campagne. Si le sol d'origine ne présente pas grand intérêt, on peut le peindre en trompe-l'œil dans l'esprit des tapis orientaux ou avec des motifs de fleurs, dans le style Napoléon III, ou encore en faux-damiers, avec des couleurs vives, ou au pochoir avec de délicates impressions de fleurs. On peut réchauffer l'aspect d'une moquette en y jetant des tapis, des tissus artisanaux avec des motifs abstraits ou des personnages, des patchworks colorés, des tapis orientaux ou du coco. Un grand tapis peut recouvrir le sol de part et d'autre d'une pièce et l'on disposera devant la cheminée ou au milieu d'un espace délimité par des chaises ou des fauteuils des tapis plus petits.

PRÉTENDRE AU CONFORT
Cette pièce (ci-contre) est celle où la maisonnée se tient le plus souvent. C'est ici que les habitants se retrouvent pour se détendre, bavarder, regarder la télévision ou travailler. Par ses dimensions spacieuses, ses meubles confortables et ses tissus choisis, elle remplit plusieurs fonctions. Aussi bien l'utilise-t-on tant pour la vie quotidienne que pour des soirées entre amis.

OSER LA COULEUR
Dans ce salon très coloré (ci-dessus), des oranges et des roses assourdis se mêlent à des matières variées : plâtre brut, poutres de chêne, acajou ciré, kilims de laine, cotonnades et couvertures au crochet.

Dans le salon que l'on voit sur la double page suivante, pour éviter la monotonie due à un excès de blanc ton sur ton, l'on a habilement disposé des meubles insolites en bois foncé, ainsi que des objets artisanaux.

COULEURS, MATIÈRES ET COMPOSITIONS

PATINE DU TEMPS
Il n'y a pas lieu de dissimuler l'âge des volets intérieurs (ci-dessus) de cette maison XVIIIe, *dans le Connecticut. Le ton bleu-gris traditionnel dans lequel ils sont peints, se retrouve dans ces motifs du papier gaufré qui tapisse le mur.*

Le magnifique plafond en bois peint de ce salon (à droite) est orné de feuilles et d'oiseaux naïfs, mêlés à des motifs florentins plus conventionnels. Le mélange harmonieux des matières donne à la pièce son élégance naturelle.

Le spectre de la lumière peut être divisé en couleurs chaudes – rouge, orange, jaune – et couleurs froides – bleu, vert, violet –, mais on n'utilise ces teintes à l'état brut que dans les pays tropicaux. Partout ailleurs les intérieurs sont conçus dans des camaïeux doux et subtils : roses, verts pâles, jaunes délicats, bleu clair, ocres... Une place importante est cependant réservée aux touches de couleurs éclatantes : les carrés rouge brillant près des bleu ciel d'un quilt, une moulure vert émeraude.

Même une simple dalle de pierre ou un mur jaune uni ne donnent pas l'impression d'être plats ou ternes, grâce aux inégalités de la matière. La juxtaposition des textures et la manière dont elles sont éclairées influent sur la densité de la couleur. L'attrait des intérieurs rustiques provient en grande partie de la beauté naturelle propre à chacun des matériaux utilisés, et du jeu des contrastes entre les matières : un mur de briques peintes contre un chambranle de fenêtre dans une finition mate ; une chaise recouverte de toile grossièrement tissée, posée sur un carrelage ; un plafond en métal bosselé, décoré d'une corniche en plâtre.

Le dessin ajoute également une autre dimension au décor. Sous la reine Victoria, on avait l'art des superpositions, on mélangeait avec bonheur des motifs d'échelles différentes, ou des dessins géométriques et artisanaux, on ourlait murs et sols de bordures magnifiques, unifiant d'une ou deux couleurs communes l'ensemble de la composition. Le motif du papier peint pouvait se transformer à la hauteur du lambris ou de la moulure, de même qu'au plafond. Des tapis richement ornés étaient étendus sur un sol à damiers noirs et blancs.

On retrouve cette impression de naturel dans les intérieurs rustiques où le décorateur n'a pas eu accès, et où le mobilier a été assemblé comme au petit bonheur : les murs sont peints du bleu que l'on aime, un tapis oriental rouge sombre et bleu – souvenir de famille – est jeté sur le sol, une chaise galbée près d'une table en acajou trouvée aux Puces, et un quilt camoufle un calicot qui couvre le sofa. Des rideaux en batik bleu indigo n'ajoutent aucune confusion à ce mélange car leur couleur dominante est l'une de celles du tapis et du quilt. Le tout donne à la pièce une unité parfaite.

NUANCES BLEUTÉES
Le bleu est la couleur la plus fréquemment utilisée dans les maisons de campagne. On l'a mélangée ici à suffisamment de blanc et de crème pour que le décor en soit éclairci (ci-contre). Il apporte à l'arrière-plan une sensation de fraîcheur, tout en faisant ressortir l'éclat des autres couleurs : les rouges lumineux des kilims, la cruche orange en terre vernissée, le bol chinois rouge. Les motifs géométriques du kilim renforcent l'originalité de la composition.

LES CHEMINÉES

Le magnétisme d'un bon feu resserre généralement le cercle des amis qui se pressent autour de l'âtre. En effet, le foyer d'une cheminée constitue indiscutablement le pôle d'attraction d'une pièce.

Jadis, les cheminées étaient construites en pierre, parfois en brique, et leur manteau était incorporé à la boiserie ; elles étaient suffisamment grandes pour que l'on puisse y déposer de grands faitouts. Parfois, leurs ouvertures rudimentaires étaient simplement soutenues par une grande poutre en bois, et leurs jambages, également en bois, étaient décorés au pochoir ou peints à la main. Dans les adobes, il est typique de voir ces ouvertures plus petites, en forme d'arc de cercle, telles des niches, construites aussi bien dans un coin que dans le centre de la pièce.

En France, on utilise couramment les briques pour la décoration des cheminées : couchées en chevrons réguliers à l'intérieur de l'âtre, elles sont surmontées d'un manteau de pierre ou de marbre. Les bûches sont posées sur des chenets. On encastre généralement dans le fond du foyer une plaque en fonte décorée ; certaines peuvent être bordées de car-

L'ART DE LA DENTELLE
Ce manteau de cheminée (tout à gauche) décoré de vaisselle est bordé d'une dentelle ancienne. De jolis pots sont accrochés sur le devant, et des fleurs séchées couleur d'automne pendent d'un séchoir en bois.

L'ART DU BIEN-ÊTRE
Cette grande cheminée prend toute la vedette du salon. Le garde-feu en cuivre recouvert de peau est une protection pour les jeunes enfants et il fait bon s'y asseoir, auprès des flammes chaleureuses.

reaux. Les grandes cheminées ont généralement un foyer en pierre ou en brique, et sont quelquefois surélevées afin de mieux chauffer la pièce. Les plus petites, plus fines et moins rustiques, sont parfois en marbre, ardoise, ou tuile.

Une belle cheminée peut complètement transformer l'atmosphère d'une pièce banale. Elle doit toujours être fabriquée par un vrai professionnel, selon des normes strictes ; le conduit doit être ramoné et révisé régulièrement, à cause d'éventuelles fissures et des problèmes d'ignifugation. Si une cheminée n'est pas en état de marche, utilisez-la à des fins décoratives, comme on le fait lorsque le feu n'est pas allumé : posez des bûches sur des chenets de cuivre ; remplissez l'âtre de pommes de pin, de fleurs séchées ou de fruits et de légumes en bois travaillé ; pendez encore une tapisserie devant le foyer vide, ou habillez-le d'un écran peint à la main. Des objets artisanaux, girouette ou animaux de bois peint, peuvent également servir d'écran. Posez dans l'âtre des morceaux de bois ou de pierre aux formes étranges, comme des sculptures.

Dans les maisons de campagne, la tablette de la cheminée est souvent utilisée à des fins d'exposition : pendule, sculptures, paire de chandeliers, petites lampes, tableaux, photos de famille dans des cadres anciens, jouets miniature, bibelots ou bocaux bleus et blancs ; des bouquets de fleurs peuvent être suspendus aux poutres et sécher, la tête en bas ; des chapelets de petits poivrons rouges peuvent innocemment pendre sur le rebord.

Il y a sans doute une grande poésie autour du feu, bien que le préparer – et nettoyer la cheminée lorsqu'il est consumé – puisse être une corvée. Les « faux-feux » et leurs bûches qui semblent crépiter, trouvent leur place dans certains intérieurs. Les Scandinaves préfèrent les traditionnels poêles à bois qui chauffent mieux et peuvent se raccorder à la chaudière pour fournir l'eau chaude et alimenter le chauffage central. Ces poêles en faïence, généralement blancs et décorés d'une manière exquise trouvent leur place dans un coin du salon, ou légèrement en retrait du mur.

LE MOBILIER

ASSISES ÉLÉGANTES
L'on trouve parfois à la campagne ce type de fauteuils à bascule du XVIIIe (à gauche). Celui-ci est remarquable par ces accoudoirs et son haut dossier courbé.

Le rotin – tellement séduisant ! – trouve toujours sa place dans un intérieur de style rustique. Ici (en bas à gauche), il a été peint en blanc et garni d'un coussin confortable.

Dans un style que l'on peut varier au fil des saisons, une bonne solution pour cacher la tapisserie élimée d'un divan, est d'y jeter une couverture ou un beau dessus de lit : il est ici, (à droite) en épais tissu brodé blanc sur blanc.

Pratiques et interchangeables, les housses blanches attachées avec des rubans (à l'extrême droite). Elles peuvent être en coton épais, en lourde toile, en coutil ou en chintz glacé.

Dans le salon d'une maison de campagne, les meubles les plus importants sont les canapés et les sièges : dans cette pièce réservée à la convivialité, on cherche immédiatement où s'enfoncer et se relaxer. On n'a rien fait de mieux que les profonds canapés à l'ancienne avec d'épais coussins garnis de plumes moelleuses, confortables et bien proportionnés, quoiqu'ils puissent être encombrants si la pièce n'est pas très grande. L'on trouve aujourd'hui de beaux canapés à deux places, dotés de coussins profonds. La hauteur des accoudoirs est un facteur important si vous lisez beaucoup : avant d'acheter, assurez-vous de la bonne position de vos bras pour soutenir un livre. Expérimentez également la profondeur et la hauteur des sièges, en vous assurant de l'aplomb de vos pieds sur le sol lorsque vous êtes assis dans la bonne position.

Dans un salon rustique, certains meubles de jardin trouvent aisément leur place : fauteuils à bascule en vannerie, salons de rotin, meubles en bois brut ou en bambou, mélangés à des fauteuils club ou à oreillettes, des canapés modernes auprès de banquettes encastrées dans le mur, d'ottomanes et de tabourets recouverts de tapisserie.

Dans les rayonnages des alcôves placées de chaque côté de la cheminée, l'on peut ranger livres, magazines, disques et chaîne stéréo. Un meuble à tiroirs surmonté d'étagères – fermées ou non de portes vitrées – peut fournir un volume de rangement supplémentaire hors de portée des enfants. Des meubles-bibliothèque en bois clair, ou d'épaisses étagères de bois scellées au mur, sont également des éventualités agréables à l'œil. Si vous avez une importante bibliothèque, les rayonnages peuvent atteindre le plafond et se prolonger au-dessus du chambranle de la porte.

Il n'y a aucune raison pour s'enfermer dans un décor conventionnel : un beau vaisselier peut être utilisé pour présenter petites toiles et bibelots ; un placard dont a enlevé les portes peut dévoiler une précieuse collection de quilts en patchwork ; on peut empiler, sur le haut d'une ancienne armoire de ferme, des bols en bois ou des poteries.

Il peut y avoir d'autres meubles dans le salon, comme un petit guéridon, une table basse agréablement placée entre le canapé et les chaises, une commode trop grande ou trop belle, pour la laisser cachée dans une chambre, et même un piano. Même des objets modernes ne choquent pas l'œil, lorsqu'il s'agit d'un petit ordinateur rangé dans un bureau à cylindre, ou d'un bar à roulettes de Alvar Aalto : ils ajoutent un plus à l'atmosphère éclectique qui fait le charme indiscutable des maisons de campagne.

LA PERFECTION DE LA PEINTURE

Le mobilier de bois peint – qu'il soit ancien ou moderne – est l'une des figures prédominantes du style campagnard. Un petit fauteuil provincial rustique (ci-contre) serait de toute façon charmant avec ses pieds galbés, son dos arrondi et son assise paillée : il est encore plus attrayant peint vert véronèse et beige. Une armoire (ci-dessus) qui aurait tendance à prendre trop d'importance a été adoucie par une peinture au tampon vert turquoise, posée sur un fond blanc. Elle est assortie au carrelage du sol, ce qui confère son unité à la pièce.

LA TRADITION DES COULEURS

Intemporel : la peinture gris-bleu, inspirée par le céladon de la porcelaine chinoise, qui recouvre ce coffre. Ici on a laissé à la matière sa magnifique patine. Un coffre (ci-dessous) dont les panneaux sont décorés de fleurs stylisées peintes, est posé contre un arrière-plan vert foncé et rehaussé par le plancher peint de damiers noirs et jaunes. La petite toile naïve, le porte-bougie et la collection de paniers font mieux ressentir l'atmosphère traditionnelle du décor.

TISSUS ET MOBILIER

NUANCES NATURELLES
Petits et grands motifs, tous dans des nuances de bleu, ont été mélangés avec art (ci-dessus) : pour le fauteuil, une housse à gros carreaux maintenue par des rubans ; pour le guéridon et les rideaux, un tissu à petits motifs ; au mur, un papier à fleurettes, et un abat-jour en papier.

NUANCES DE SOLEIL
Ce salon d'été (ci-contre) est réchauffé par un mélange de tissus rose orangé à rayures et à carreaux ; on a jeté de grands coussins sur la banquette contre la fenêtre et le sol a été couvert de solide coco – recommandé dans une pièce à forte circulation – dont le ton chatoyant suscite la bienvenue.

A la campagne, on opte plus volontiers pour des tissus en fibre naturelle : coton, toile, laine, ou soie. Leur tissage peut être fin ou grossier : velours épais ou mille-raies, simple toile à matelas ou calicot, chintz glacé ou toile mate, lainage brut ou mousseline délicate, tapisserie ou damas inusable. Les dessins sont imprimés ou tissés dans la masse et quelquefois peints à la main : rayures, gerbes de fleurs, brassées de feuillages, batiks et cachemires, vichy, tissus provençaux aux tonalités chaudes ou cotonnades teintes.

Pour recouvrir les sièges, on utilise généralement du chintz, du coton blanc, de la toile à matelas ou des tissus ornés de délicats motifs régionaux. Les housses et les sièges capitonnés sont très en vogue, quoique certains, avec leurs glands, leurs passepoils et leur soie trop précieuse, soient en décalage avec l'idée qu'on se fait d'un intérieur rustique. L'on peut égayer un canapé tout simple si on le drape d'une couverture indienne aux tons vifs ou d'un châle espagnol.

Les coussins peuvent être recouverts du même tissu que leur siège, ou dans des couleurs et des dessins en contraste ; quel que soit le style recherché, une multitude de coussins différents procure confort et beauté, surtout s'ils sont réalisés avec des kilims ou des tapisseries. Les formes peuvent varier, du simple carré plat aux coussins-poufs et aux rectangles galonnés.

Les généreux rideaux qui balaient le sol gardent la chaleur dans la maison. Les lainages épais, les toiles grossières et les solides cotons, souvent à fines rayures, qui pendent en plis doux ou sont froncés à partir d'anneaux de cuivre ou de bois, peuvent se combiner à des voilages en mousseline ou en dentelle. Pour un effet de somptuosité, vous pouvez utiliser une épaisse tapisserie. On ne double généralement pas les tissus fins qu'on laisse tomber jusqu'au sol ; ils peuvent aussi être noués, drapés sur la tringle, ou encore soutenus par des embrases décoratives. Avec un peu d'imagination, mousselines et cotons bon marché, combinés avec des franges ou des galons de couleurs, peuvent faire beaucoup d'effet. L'espace de la fenêtre peut être délimité par un lambrequin de bois qui va suivre la ligne architecturale, par un morceau de bois peint ou joliment sculpté.

Le style des rideaux que vous allez choisir doit être en harmonie avec la forme, les particularités et l'orientation de vos fenêtres. Il serait dommage, par exemple, de cacher de beaux volets intérieurs, peints à la main ou au pochoir, par de lourdes tentures, ou de supprimer une belle lumière naturelle. Des fenêtres étroites auront meilleure allure avec des rideaux s'arrêtant au chambranle ; si elles sont trop larges, en revanche, il faudra laisser tomber les rideaux jusqu'au sol. On pose plus rarement des stores à lattes, des stores vénitiens ou des jalousies en bambou ou en rotin, quoique ces dernières diffusent une lumière particulièrement intime. Les stores en tissu simples ont l'air moins pompeux que les stores festonnés, et leur ligne est plus légère que celle des stores à rouleaux.

Les banquettes construites dans les embrasures des fenêtres, baignent dans une lumière naturelle, et permettent de récupérer un espace de rangement généralement perdu. On peut rendre l'endroit plus confortable en ajoutant des coussins faits sur mesure et des petits traversins. Afin de profiter pleinement d'un panorama magnifique, on peut également disposer des chaises devant une fenêtre basse.

PIMENTÉ
Dans cet adobe (ci-contre), une couverture indienne tissée est utilisée en guise de rideau contre un mur de plâtre. La lumière très vive qui vient de l'extérieur met en valeur le choix de tels contrastes, tandis que sous des cieux moins cléments le mélange de blanc pur et de couleurs vives peut facilement attrister le décor.

CONVIVIAL
Un mélange de mobilier confortable, de tissus et de motifs, ont été heureusement assortis dans une pièce peinte en blanc (ci-contre) : le canapé à deux places est recouvert du chintz fleuri rouge et bleu dont sont faits les rideaux ; une paire de fauteuils en tissu écossais entoure un petit guéridon, et un tapis persan à fond rouge et rose orne le sol. L'attrait de cette pièce est renforcée par le choix des tableaux – des icônes à l'art naïf – et des objets disposés çà et là sur les tables et la cheminée.

TRADITIONNEL
Bien qu'un quilt de famille doive être traité avec délicatesse, il est toujours tentant de l'utiliser pour recouvrir une banquette (ci-contre). Il s'agit ici d'un patchwork à la machine, fait de nombreux tissus et de dessins variés, accompagné d'un assortiment de tissus multicolores.

RUSTIQUE
La patine de ces fauteuils se marie aux riches tons de terre (ci-contre) de l'ensemble, à la couleur de la table à abattants et du meuble d'angle pour réchauffer merveilleusement cette pièce. On retrouve dans les dessins géométriques des rideaux le jaune moutarde du plancher peint. Le tapis à points noués, traditionnellement américain, a perdu de son éclat, mais on reconnaît encore son motif.

DÉCORER LES ÉTAGÈRES

On porte une plus grande attention à une série de petites toiles sans cadre – natures mortes, portraits ou paysages – lorsqu'elles sont rassemblées sur un dessus de cheminée (ci-contre), plutôt qu'accrochées à un mur.

Sur le thème du village, des pots de miel, cruches, boîtes à gâteaux et théières en barbotine sont disposés çà et là sur les étagères d'un buffet (en haut à droite). La collection du peintre mexicain Frida Khalo se compose de masques en terre cuite, qu'elle dispose de chaque côté d'une étagère chargée d'objets traditionnels (à l'extrême droite).

TRANSFORMER LA CHEMINÉE

Une cheminée de forme originale sert de cadre à une collection de pots à olives provençaux en terre vernissée (ci-contre). Un écran de tôle peinte représentant un panier rempli d'hortensias et d'énormes pavots, égaie l'âtre de cette cheminée (ci-dessus).

EXPOSER UNE COLLECTION

Une collection d'objets rustiques peut donner le ton au décor d'une pièce.

- Choisir un thème, soit par le sujet soit par la couleur, si l'on veut que la présentation soit intéressante.
- Considérer l'échelle des objets avant de les réunir. De grands chapeaux à la forme imposante se remarqueront de loin. Des objets délicats, fuseaux ou dés à coudre, doivent être vus de près : éloignés les uns des autres, ils auront l'air perdus.
- La couleur de fond derrière une série d'objets peut transformer l'effet : pour bien mettre en valeur la collection, optez pour les contrastes plutôt que de jouer les tons sur tons.

LES CUISINES

AMBIANCE RUSTIQUE
Au premier coup d'œil, on imaginerait que cette cuisine a été conçue il y a une centaine d'années (à gauche) : grande cheminée, paniers et bougies suspendus au plafond, confortables fauteuils de bois. Pourtant, à la regarder de plus près, on décèle les dispositifs modernes habilement incorporés aux éléments classiques, preuve qu'une cuisine rustique ne doit pas nécessairement être démodée !

Décor de charme d'une cuisine rustique (ci-dessus) : légumes en bocaux et fruits au sirop, bouquets d'herbes fraîches, choix de champignons séchés et carafe de vinaigre aux herbes, fait maison.

L'ART DE LA TABLE
Lieu de détente et de bavardage, prétexte au verre de vin avec le maître queux, la cuisine a aussi sa vedette : la table de ferme qui peut devenir un plan de travail supplémentaire. Même si l'espace est limité, il est impératif d'arriver à caser une petite table ou un ancien comptoir, surtout pour les matins où vous lisez les journaux, tout en buvant votre café et en surveillant le toaster.

FLEURS ÉTERNELLES

Suspendez des fleurs, tête en bas, dans une pièce sèche et bien ventilée, à l'ombre. On peut faire ainsi sécher l'alchémille vulgaire, l'achillée millefeuille, l'astilbe, la sanicle des montagnes, le souci, le pied d'alouette, la gypsophile, la lavande, la monnaie du pape, le statice sinué, les cheveux de Vénus et la renoncule.

Les images de compotiers remplis de pêches, de bouquets d'herbes et de fleurs, de bocaux de fruits, de paniers d'œufs et de tomates, sont aussi essentielles dans une cuisine campagnarde que le choix de la couleur des murs ou du carrelage. On aime à se faire de la campagne une image d'abondance : des hectares de blé à perte de vue, un verger à l'ombre bienfaitrice, des rivières regorgeant de poisson, du bétail dans un paysage pastoral idyllique, de vieilles granges remplies d'une bonne moisson... Une cuisine à la campagne, c'est un mélange d'odeurs exquises : gâteaux cuits à la maison, ragoûts mitonnés, salade fraîchement cueillie au jardin et café moulu.

La cuisine, de tout temps, a été le point stratégique de la maison de campagne, là où les bûches ronronnent dans la cuisinière, où il fait bon voir le plancher bien récuré, où s'étire le chat repu de lait. En été, on est enivré par l'odeur des fleurs et des herbes fraîches qui s'engouffrent par les portes et les fenêtres grandes ouvertes, tandis que les produits cueillis au potager, ou trouvés au marché du village, s'étalent sur le plan de travail.

Le style rustique d'une cuisine peut aussi bien se retrouver dans un appartement à Paris ou à Manhattan que dans une ferme toscane. C'est l'emplacement de la cuisinière, de l'évier, et des espaces de rangement qui rendra une cuisine fonctionnelle. Un équipement moderne trouvera parfaitement sa place dans une cuisine rustique : lave-vaisselle et congélateur font bon ménage avec un vaisselier arborant une collection de pots à lait ou un sol en dallage.

Famille et amis aiment à se rassembler dans les vastes cuisines, attirés par la simplicité du lieu et le regain d'activités créé autour de la préparation des repas. Dans les appartements modernes, il est rare d'avoir une grande cuisine ; si vous avez peu d'espace, à la place d'une petite cuisine séparée, mieux vaut peut-être ouvrir un mur et faire une pièce unique avec le salon, aménager le coin d'une grande pièce, ou installer une mini-cuisine sous un escalier.

La cuisine doit être attenante à la salle à manger. L'art de vivre à la campagne encourage la simplicité culinaire pour des hôtes, qui, ayant travaillé toute la journée, rentrent à la maison juste avant l'arrivée de leurs invités, manquant de temps pour se mettre sérieusement aux fourneaux. Mais, quand tout le monde se réunit autour de la cuisinière, grignotant des crudités, tandis qu'on aide en râpant le fromage ou en montant les blancs d'œufs en neige, rassuré par les bonnes odeurs de cuisson, on est moins enclin à se plaindre si le dîner est servi un peu tard...

ESPACE BIEN-ÊTRE
Deux pièces ont été transformées pour n'en former qu'une (ci-contre), afin de créer une impression d'espace, caractéristique des cuisines rustiques. La table forme séparation entre la cuisine et le salon. Elle sert, selon les besoins, de plan de travail ou de table de salle à manger. Les fleurs séchées qui pendent du plafond de la cuisine cèdent le pas aux plats décoratifs disposés au-dessus de l'encadrement du mur, qui changent subtilement l'atmosphère.

CASSEROLES DE CHEF
Des marmites en cuivre, des plats à gratin et des moules à gelée en cuivre forment une impressionnante collection, posée sur des étagères et pendue à des crochets (ci-contre). Les Chefs et les bons cuisiniers aiment à utiliser les ustensiles de cuivre, à cause de la capacité exceptionnelle du métal à conduire la chaleur. Les marmites de bonne qualité sont recouvertes, à l'intérieur, d'étain ou d'acier inoxydable, et quelquefois d'argent.

SURFACES ET MATIÈRES

BLEU SUR BLEU
L'usage intensif des carreaux de céramique bleue dans cette vieille ferme (ci-dessus) fait oublier l'appareillage moderne et les murs inégaux en plâtre. La table est recouverte de carreaux blancs à motifs bleus, répétés sur les pans de mur, alors que le plan de travail est en carrelage bleu uni.

TOUT BLANC
Cette belle cuisine est inondée de soleil, filtré au travers des ouvertures pratiquées dans le toit. Les murs en frisette sont peints de blanc, tout comme le vaisselier, fait sur mesure, aux dimensions du mur. On a apporté un grand soin aux détails : la menuiserie aux finitions parfaites donne une impression d'unité, et l'intérêt visuel porte sur la matière, plutôt que sur les couleurs et les dessins.

Tout simple mais spectaculaire (page suivante), le panneau protecteur du plan de travail se compose de carreaux en terre cuite émaillée rose et vert, posés en diagonale.

Les matériaux traditionnels, comme les chaleureux carreaux de faïence brun-rouge, la céramique émaillée en couleur, les dalles de marbre ou de granit, le bois patiné pour les placards de cuisine, les sols ou les plans de travail, fournissent un excellent point d'appui pour réaliser une cuisine rustique. Mais des matières plus nouvelles, comme le linoléum ou l'acier inoxydable, trouvent également leur place dans une cuisine, et elles sont plus faciles à entretenir.

Avant de prendre une décision concernant le décor de la cuisine, on ne doit jamais négliger les détails pratiques : les surfaces doivent résister à la vapeur, être faciles à nettoyer et à entretenir. Les carreaux doivent être posés sur une surface lisse, et le carrelage mat doit être traité ou vitrifié. Que ce soit sur du plâtre ou sur du bois, la dernière couche de peinture doit être lavable ; quant aux sols en bois, ils doivent être traités ou vitrifiés.

Les murs en frisette sont assez fréquents dans les maisons en bois naturel, et ils sont souvents peints. Si la partie basse seulement est lambrissée, le haut peut être traité différemment, peint d'une teinte plus pâle, ou tapissé de papier lavable. Les murs de plâtre sont généralement enduits et poncés, mais on les laisse quelquefois bruts quoiqu'ils produisent un meilleur effet, peints en mat satiné. Si vous voulez une cuisine claire et lumineuse, choisissez des teintes douces ; des couleurs fortes donneront un effet plus théâtral.

Le carrelage est un matériau durable, parfait pour les sols, les plans de travail et les pans de murs situés sous les placards. Les tommettes ou les carrelages noirs et blancs ajoutent chaleur ou grandeur au décor. Des carreaux de couleur unie peuvent former des figures géométriques, encadrées d'une bordure à damiers. Les carreaux très colorés en terre cuite émaillée comme ceux que l'on trouve en Espagne ou en Afrique du Nord, décorés de motifs arabisants, donnent des résultats originaux lorsqu'ils sont utilisés pour les plans de travail. Ce genre de dessins se rencontre également au Mexique, mais les couleurs sont plus agressives. Dans les restaurants, on rencontre fréquemment de simples carreaux de céramique blanche, qui donnent immédiatement une impression de propreté. S'ils sont rectangulaires, et qu'on les pose en quinconce, l'effet produit est complètement différent. Le marbre – de même que le granit, l'ardoise ou la pierre – est plus onéreux, mais d'un bel effet, il s'utilise pour les sols et pour les plans de travail.

Pour obtenir des sols doux et silencieux, on peut poser du linoléum ou du vinyle, dont les motifs sont très variés.

SUCRE
CAFÉ
RIZ
FARINE
VERMICELLE

HEUREUX MÉLANGES
Des éléments modernes peints en gris perle donnent un beau résultat, si l'on y ajoute des boutons de porte bleus en porcelaine ou en bois, et un plan de travail en marbre (à gauche). Certaines portes de placards ont été enlevées, découvrant les étagères remplies de vaisselle et d'accessoires de cuisine. La touche finale est apportée par une table ancienne en pin et des sièges cannés.

CARRELAGE ET BOIS
Des planches en bois brut (ci-contre) courent le long du plan de travail carrelé, mettant en valeur l'étroite fenêtre. Ci-dessous, on a accentué l'ambiance paysanne par un mélange de bois brut, peint et ciré, associé à un carrelage rustique, à une table recouverte de vichy, entourée de chaises paillées.

SOLS ET MODÈLES

Le carrelage est traditionnellement associé à l'idée de cuisine campagnarde. Les carreaux de terre cuite et les sols noir et blanc sont très beaux, mais on peut choisir d'autres couleurs, d'autres matériaux comme le linoléum ou le vinyle. On peut alterner la couleur des carreaux, ou utiliser des formes et des matières différentes.

- Préparez bien votre sol : les carreaux pourraient se fêler ou se casser par suite d'un mauvais apprêt.
- Mesurez la surface du sol à carreler, et rapportez votre dessin sur du papier millimétré.
- Délimitez le sol par sections, et commencez le travail à partir du centre afin que le dessin soit symétrique. Découpez et ajustez les carreaux de bordure.

LES POINTS DE MIRE

PRIMORDIAL, LE FOURNEAU
Aussi efficaces que puissent être les cuisinières modernes rien ne remplace, dans une cuisine rustique, un bon vieux fourneau en fonte – dans le cas de notre photo (ci-dessus), un Aga classique. On l'utilise aussi bien pour cuire les repas que pour chauffer la pièce ou l'eau de la maisonnée. La grande hotte aspirante en cuivre se fondant avec les briques du mur rehausse l'atmosphère chaleureuse du décor.

INGÉNIEUX, 2 ÉVIERS
Ce grand évier et son égouttoir (à droite) sont recouverts de cuivre, et les hauts robinets coudés qui permettent de recevoir de larges récipients sont aussi élégants que pratiques. Un deuxième évier, dans un office ou un coin de la cuisine, est pratique pour laver les légumes, rafraîchir les sauces ou immerger des fruits de mer avant leur cuisson.

Lorsqu'on rénove une cuisine, ou que l'on en crée une de toutes pièces, on peut la concevoir efficacement, en respectant un triangle de travail imaginaire, délimité par les trois principales zones d'activité : le lieu de rangement des provisions, l'évier et la cuisinière. Sa circulation ne doit pas être interrompue, notamment entre l'évier et la cuisinière, parcours de va-et-vient intensif pour les marmites brûlantes et les plats chauds. Le plan le plus naturel est celui qui permet d'officier de gauche à droite (et vice versa pour les gauchers), avec l'évier en milieu de parcours et la cuisinière à main droite : quelle que soit la forme de l'espace de travail, le plan qui les réunit doit être le plus long possible, car on y prépare les aliments.

Les endroits où l'on prépare les repas doivent être bien éclairés : avec des appareils directionnels, l'on n'est jamais à contre-jour et l'on ne se fait pas d'ombre. On peut aussi adjoindre une suspension.

Nous ne sommes plus à l'ère de la lampe à pétrole, et on peut assortir des appareils d'allure moderne qui font gagner du temps et de l'espace, à une cuisine d'aspect rustique. Les rutilantes cuisinières en acier inoxydable comme celles que l'on voit dans les restaurants, les fours encastrés et les plaques de cuisson, les fours à micro-ondes et les barbecues, ou encore les poêles traditionnels en fonte, se marient parfaitement, lorsqu'ils sont installés côte à côte. Ils trouvent aussi bien leur place dans la cuisine carrelée d'une ferme restaurée, auprès des marmites en cuivre, d'une jolie vaisselle et de meubles en bois blanc que dans une cuisine contemporaine aux couleurs naturelles, aux murs blancs et carrelés, aux placards design, aux plans de travail et aux meubles de bois dessinés par Alvar Aalto.

On peut remplacer les vétustes fourneaux à bois ou à charbon par des appareils modernes ou de belles copies de cuisinières anciennes avec chauffe-eau incorporé. Si vous avez une cheminée en état de marche, elle peut également être équipée d'une grille de cuisson.

Il existe des réfrigérateurs et des congélateurs encastrables mais leur capacité est généralement réduite. Les modèles sur pied peuvent être posés contre un mur ou placés dans une niche, et l'on peut décorer leur porte. S'ils sont particulièrement volumineux, le mieux est de les loger dans un office ou dans un placard. N'importe quel évier moderne peut être encastré dans un plan de travail, mais on peut préférer un évier à l'ancienne parfois plus profond que les versions actuelles : ils offrent alors plus de place pour laver les grands plats et les poêles, ou pour faire tremper le linge.

LE MOBILIER

IDÉES DOMINANTES
Un billot de boucher (ci-dessus), un banc à dossier ou une table toute simple (à droite) donneront un air rustique à une cuisine.

De nos jours, dans les cuisines, on aime les appareils ménagers et les placards encastrés. Mais la cuisine rustique est plus conviviale, mélangeant le moderne et l'ancien, cuisinières autonomes, vaisseliers en bois arborant une jolie vaisselle, des meubles d'angle et plans de travail en marbre ou en granit.

Les équipements modernes ne sont en aucun cas déplacés dans une cuisine rustique, mais il est bon d'adoucir l'aspect de la pièce par l'apport d'un meuble original comme un billot de boucher ou un vaisselier peint. Les meubles de cuisine encastrés existants se modernisent facilement et pour un prix modique, si l'on transforme seulement les portes des placards et les plans de travail. Une cuisine banale peut devenir tout à fait rustique si l'on remplace le mélaminé par du bois, le formica d'un plan de travail par du hêtre ou de l'ardoise, si l'on choisit des éclairages judicieux, ou si l'on pose au sol un linoléum à damiers noirs et blancs.

L'un des avantages des éléments amovibles, est que ce matériel de bonne qualité représente un investissement aisément transportable le jour où vous changez de maison. Et il vaut mieux aborder le décor d'une pièce ancienne, si elle est de belles proportions, en installant des éléments individuels en harmonie avec sa topographie, plutôt que de détruire l'atmosphère existante.

Les fabricants de meubles modernes créent de nos jours, de superbes buffets ou vaisseliers en bois passé à l'huile de lin ou au blanc de céruse, ou encore laqués, du plus bel effet dans une cuisine rustique. Les tables de travail à roulettes avec planches à découper, tiroirs de rangement et tablettes pliantes incorporées sont idéales pour les grandes cuisines, et les tables roulantes pliantes dans les cuisines plus petites.

Même si l'endroit est minuscule, une petite table et une ou deux chaises permettent d'y prendre le petit déjeuner et les repas intimes, la cuisinière n'étant plus isolée de ses invités. Les tables de bistrot avec un dessus de marbre, les meubles pliants de jardin et le mobilier 1930 en fer forgé, représentent des choix non conventionnels, mais heureux pour une cuisine rustique.

RAFRAÎCHIS

D'anciennes peintures écaillées couvrent souvent le bois des chaises, tables ou coffres. Si on les décape, les remet en état, et les cire soigneusement, l'on peut découvrir un meuble magnifique.

Néanmoins, avant de décider de restaurer une vieille chaise ou un coffre trouvés au grenier, souvenez-vous que :

- les surfaces peintes « à l'ancienne » sont actuellement très à la mode : une simple chaise de cuisine peinte peut paraître superbe, intégrée au décor. Ne la décapez donc pas avant de la nettoyer et de la regarder avec un autre œil.
- Ne restaurez pas des meubles mal assemblés ou faits dans des bois médiocres. Un coup d'œil sur l'envers d'une chaise ou l'intérieur d'un tiroir vous en dira beaucoup sur l'état du meuble.
- Ne perdez pas de temps avec des meubles vermoulus. Inspectez le bois avec attention, notamment autour des pieds.
- Si vous comptez vous lancer dans la restauration, débutez avec un meuble simple.

PRATIQUES
Ces meubles aussi solides que pratiques – table en pin, fauteuil ou banc à dossier (à gauche) – dans un coin de la pièce bien éclairé permettent aux enfants de travailler ou de jouer sous l'œil vigilant d'un adulte.

SUPERBES
Une commode, nouvelle venue dans cette cuisine (ci-dessus), a été protégée par une plaque de marbre. Ses tiroirs profonds sont bien utiles pour ranger les nappes ou les ustensiles encombrants que l'on n'utilise pas régulièrement.

Un fauteuil pliant (en haut à droite) a trouvé sa place auprès de la cheminée.

Cette ancienne table de réfectoire bien cirée (ci-contre) avec ses deux bancs permet de recevoir à dîner un nombre impressionnant d'invités.

LES CELLIERS

Dans les cuisines rustiques du temps jadis, il y avait toujours des celliers dont les murs et le sol étaient en pierre, afin de mieux conserver la fraîcheur. Ils étaient généralement situés au nord et, afin de permettre à l'air de circuler, leur porte était à claire-voie. Elles furent remplacées plus tard, par des panneaux de fer percés, des treillages ou des claies de bois.

Les récipients étaient rangés dans une pièce contiguë, l'office, où l'on préparait la pâtisserie sur une traditionnelle plaque de marbre.

Si la place est suffisante, dans un appartement ou dans une maison modernes, un petit garde-manger bien ventilé, posé contre un mur extérieur, est un bon complément à la cuisine. Le cellier sert à emmagasiner les fruits et les légumes récoltés et mis en bocaux, les pots de confitures faits à la maison, et

HUILES ET VINAIGRES D'HERBES

Huiles et vinaigres parfumés aux herbes prolongeront les senteurs de l'été.

- Cueillez les herbes tôt le matin, après l'évaporation de la rosée, afin que les huiles essentielles soient très concentrées. Dans les herbes, tout est utilisable : feuilles, fleurs et graines.
- Choisissez un bon vin ou un vinaigre de cidre et de l'huile d'olive (plus adaptée aux saveurs fortes de l'estragon ou du basilic), ou de l'huile de tournesol plus douce.
- Remplissez d'herbes concassées une bouteille claire et propre, et versez l'huile ou le vinaigre. Bouchez hermétiquement.
- Laissez reposer pendant deux semaines sur le rebord d'une fenêtre ensoleillée. Vous pouvez alors filtrer l'huile ou le vinaigre et y ajouter un brin d'herbes fraîches.

les jambons et poissons fumés pendus au plafond auprès de bouquets d'herbes séchées.

Dans les petites cuisines, on peut disposer, près de la vaisselle, des bocaux et des bouteilles sur des étagères ou dans un placard vitré. De tailles et de formes différentes, les bocaux peuvent être remplis de sucre, riz, pâtes ou lentilles.

On garde généralement à portée de la main les ingrédients utilisés quotidiennement : le sel, dans les traditionnelles boîtes en bois que l'on accroche au mur ou dans des pots à sel, les herbes et les épices dans de jolis pots de verre – de préférence teintés pour préserver la fragrance des herbes –, et l'huile d'olive dans des bouteilles bien bouchées. On peut suspendre au plafond des bouquets d'herbes et de fleurs séchées, et accrocher au mur de la cuisine les herbes prêtes à être utilisées, tressées en couronnes.

STOCKER
La fructueuse récolte du potager (tout à gauche) est joliment conservée dans des bocaux de verre trônant dans le cellier. L'ancien office de Coffin House à Newbury dans le Massachussets (ci-dessous, au centre), a été transformé en musée, exposant, sur de longues planches, de magnifiques plats, paniers et ustensiles de cuisine.

CONSERVER
Des saucissons accrochés aux poutres (ci-dessous), des conserves de légumes variés posées sur des étagères rudimentaires, ainsi que des jarres de vin et d'olives sont conservés dans ce garde-manger. À côté d'une collection de magnifiques jattes en faïence émaillée, une urne de forme classique trône dans une niche, alliant tradition et conservation des victuailles.

FRUCTUEUSE MOISSON
Un vaisselier en pin (à gauche) croule sous le poids de bocaux de fruits, de légumes, de confitures, de sauces et de vinaigres. Les pots avec un couvercle de métal ou les bocaux à conserves classiques ont une beauté qui transforme le plus banal oignon mariné en objet d'art digne d'être exposé.

Des couvercles de métal anciens, une balance, de jolis plats font du vaisselier un véritable plaisir de l'œil tandis que, posées sur le sol, des provisions de pommes et de pommes de terre attendent, dans de jolis paniers, l'heure de la cuisson.

PRÉCIEUX ARTISANAT
Au lieu d'utiliser des boîtes en fer-blanc et plus tard en plastique, les communautés Shaker fabriquaient des boîtes ovales de tailles diverses, en pin ou en érable, pour conserver toutes sortes d'ustensiles et d'outils, et même jusqu'aux provisions de la maison. En bois naturel, elles laissaient découvrir la beauté du bois utilisé. Il arrivait aussi qu'elles soient peintes dans des couleurs naturelles, en jaune, roux, vert olive ou bleu cendré.

L'ÉQUIPEMENT DE LA CUISINE

FONCTIONNEL ET DÉCORATIF
Une belle batterie de cuisine mérite toujours d'être exposée sur des étagères (ci-dessus) ou accrochée à un râtelier (à gauche).

Les ustensiles et la batterie de cuisine, lorsqu'ils sont décoratifs comme les marmites, les casseroles et les moules en cuivre, méritent d'être exposés dans une cuisine. Les casseroles peuvent être placées sur des étagères en hauteur, accrochées à un mur près de la cuisinière, ou sur des râteliers.

Cuillères à sauce, louches et passoires, peuvent être suspendues à des crochets près de la paillasse. Pour supporter la batterie de cuisine, on peut encore fixer une barre munie de crochets de boucher contre un mur, ou un placard, ou au-dessus d'un plan de travail. Cuillères en bois, rouleau à pâtisserie et fouets trouvent leur place dans un grand pot de terre cuite, près de la cuisinière.

Vaisselle et bols dépareillés sont souvent disposés sur des étagères ou sur un vaisselier. Les grands bols, empilés les uns sur les autres dans un coin de la cuisine, font également une belle impression. Les assiettes peuvent être disposées sur un égouttoir ou accrochées au mur.

Dans une cuisine rustique, on peut garder un équipement moderne en acier inoxydable : les deux styles s'accommodent fort bien. Il suffit d'ajouter quelques ustensiles anciens comme des passoires en fer émaillé ou des pétrins (parfaits pour conserver le pain), des boîtes en tôle peinte, une balance, des moules et des terrines en porcelaine, des plateaux en argent, des paniers à œufs en fil de fer, des moules à sablés ou des planches à pain, pratiques et décoratifs. Les jarres et les marmites provençales ou italiennes en terre vernissée sont aussi d'un bel effet.

La touche finale sera donnée par des tableaux ou des photos d'animaux domestiques, des natures mortes, de vieilles enseignes peintes, et des paniers qui peuvent être, soit pendus au plafond, soit posés sur les étagères.

CURIOSITÉ

Une jolie balance, avec ses poids (ci-contre) devrait toujours avoir une place de choix, et des moules à fromages (ci-dessus) peuvent devenir égouttoirs à couverts.

UTILITÉ

La taille imposante de ce vaisselier (en haut à l'extrême gauche), avec ses barres d'appui particulièrement hautes, permet de loger de grands plats à gratin et à soufflé, une série de bols, et la vaisselle que l'on utilise fréquemment.

La recherche de camaïeus de verts de ce décor de charme confère à ce vaisselier (en haut à gauche) une unité, malgré la diversité des objets qu'il présente.

Dans une cuisine aux proportions singulières (en bas à gauche), on a construit sous les combles un espace de rangement pour y loger de grands paniers, auquel on accède par un escalier en spirale.

DÎNERS À LA CAMPAGNE

UN PARFUM DE BIEN-ÊTRE

Les murs vieux rose de cette salle à manger (à gauche) intensifient le jeu des blancs de la menuiserie et des bois foncés du mobilier. La table a été disposée dans sa largeur, afin de profiter pleinement de la lumière du jour, et les chaises supplémentaires sont alignées contre les murs.

Ce joli meuble d'angle (ci-dessus) est complété par un porte-assiettes peint, posé sur le sol pour supporter de grands plats.

La fameuse salle à manger jaune imaginée par Monet pour sa maison de Giverny est la quintessence du style rustique. Aussi pratique que belle dans sa conception, sa simplicité tranquille communique une impression de chaleur et de confort. La longue pièce dont les deux portes-fenêtres s'ouvrent sur le jardin et la porte intérieure sur la cuisine, est baignée d'une lumière naturelle ; l'atmosphère de douceur est amplifiée par le jaune délicat des murs. Le sol, en carrelage rouge et blanc posé en diagonale est recouvert, sous la table, d'un tapis oriental tirant sur le rouge qui apporte un heureux contraste. La table, disposée sur la longueur de la pièce, est recouverte d'une grande toile cirée jaune pâle, accessoire indispensable aux tables rustiques. Les chaises paillées peintes, typiques de la région, agrémentées de coussins bleus et blancs, sont pourvues de magnifiques dossiers en forme d'éventails, preuve que le style rustique peut aussi être raffiné. Une partie de la collection des gravures japonaises sur bois chères à l'artiste, est accrochée au mur, ainsi que des porcelaines orientales, également disposées sur une paire de buffets peints à portes vitrées.

En France, nous avons un sens très aigu de la nourriture. Et nos salles à manger, souvent marquées de la même empreinte, dégagent dans tout le pays une impression similaire. Les murs sont généralement peints en blanc ou en crème, dans les jaunes préférés de Monet, ou dans des teintes douces, pêche ou orangées. Les couleurs plus fortes se retrouvent dans la vaisselle et dans les compositions florales, dans le choix méticuleux du motif des tissus pour la tapisserie des sièges, des nappes et des rideaux, et souvent, du sol à damiers.

Dans une salle à manger aux murs blancs, la table peut être recouverte d'une nappe ancienne bordée de dentelle et dressée avec de la vaisselle blanche, des serviettes vert pâle, de beaux verres à eau et à vin en verre soufflé, un huilier en argent ancien et des jardinières remplies de muguet ; les

INDÉMODABLE
La salle à manger jaune de Claude Monet à Giverny (à gauche) jouxte la cuisine. La table est dressée avec la vaisselle dessinée par le peintre, et le mobilier rustique a été peint de la couleur des murs.

Deux banquettes murales (ci-contre) et des chaises dépareillées, dans une maison normande, entourent une grande table carrée, pour former un coin que rien ne dérange.

APPRÉCIABLE
Une longue table étroite (ci-dessous) entourée d'une banquette de fenêtre et d'un banc, forment un coin-repas au bout d'une cuisine, en Italie du Nord.

Les fresques, rouge et bleu foncé, au plafond seulement, amplifient la hauteur de la pièce. Des moules et des pots de cuivre sont accrochés au mur, au-dessus du solide buffet artisanal.

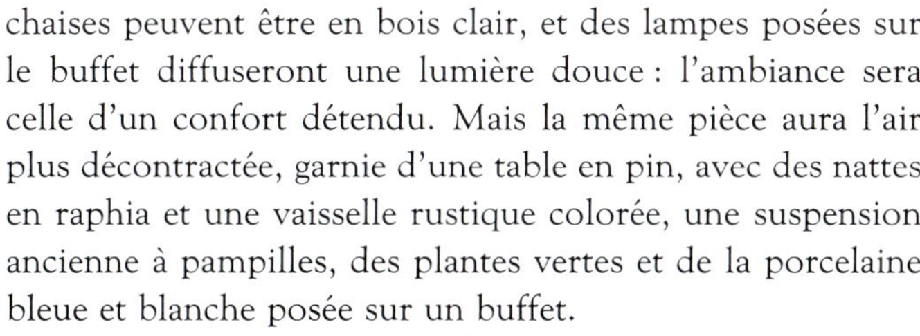

chaises peuvent être en bois clair, et des lampes posées sur le buffet diffuseront une lumière douce : l'ambiance sera celle d'un confort détendu. Mais la même pièce aura l'air plus décontractée, garnie d'une table en pin, avec des nattes en raphia et une vaisselle rustique colorée, une suspension ancienne à pampilles, des plantes vertes et de la porcelaine bleue et blanche posée sur un buffet.

En France, on décape généralement les lambris d'appui des murs et des placards encastrés. Pour obtenir une salle à manger visuellement plaisante, dont l'ambiance conviviale se fait ressentir, l'on peut combiner une table ronde sur laquelle on aura jeté un cachemire, des chaises peintes à haut dossier avec des coussins vert pâle, ainsi que des miroirs et des tableaux avec des cadres dorés.

Que leur style soit rustique ou plus élégant, on aime, dans les salles à manger des maisons de campagne, être entouré d'objets divers et, plutôt que de subir un décor conventionnel, se sentir à l'aise dans un lieu confortable.

SIMPLE MAIS SUPERBE
Dans cette pièce aux poutres apparentes, murs de plâtre brut et sol pavé de dalles (en haut à gauche), un beau mobilier rustique a naturellement pris place autour de la cheminée. Il a été choisi, tant pour sa beauté, que pour ses qualités fonctionnelles.

Une table à abattants (en bas à gauche) encadrée de ses chaises au décor noir et or forme le point central de cette salle à manger dans une maison du XVIIIe*, dans le New Hampshire. Un placard a été construit dans un angle pour ranger les nappes, l'argenterie, la vaisselle et les verres. Autour de la cheminée, on remarque une collection d'anciennes garnitures de foyer, ainsi que des pots et des cruches en cuivre. Cette salle à manger aux Pays-Bas (ci-contre), avec ses murs de brique, sa table ronde recouverte d'une nappe à carreaux et ses petits rideaux de vichy, est l'essence même de la simplicité.*

ÉLÉGANCE TOUTE RUSTIQUE
Le jaune délicat de ces boiseries (ci-contre) réfléchit la lumière du soleil qui pénètre par l'ouverture de la porte ; les nuances obtenues sont extrêmement différentes de celles, souvent agressives, associées à l'emploi du jaune. L'élégance des panneaux et des placards s'harmonise avec celle des sièges.

FAUX-LAMBRIS

On peut transformer l'atmosphère d'une pièce en créant un faux-lambris.

- Avant de peindre, tapissez l'espace réservé au lambris d'un lourd papier gaufré.
- Peignez-le avec un trompe-l'œil imitant le marbre ou une boiserie. Peaufinez les finitions.
- Utilisez une couleur plus foncée que celle de la partie supérieure du mur : rouille avec du crème, bleu foncé avec une nuance plus pâle.
- Délimitez le bord du lambris par une ligne droite au calicot.
- Accentuez la ligne du lambris, et peignez la bordure à la main avec une brosse fine.
- Le haut de la bordure du lambris peut recevoir un motif peint : figure géométrique noir et blanc ou simple rayure.

SITUATION

DISPOSITION HABILE
Un coin salle à manger dans le style Arts and Crafts occupe un côté de cette grande cuisine (à gauche). Dans cette maison (ci-dessus), la table de salle à manger se trouve placée dans un coin du salon.

Pour des raisons d'efficacité, il est souhaitable de situer la salle à manger près de la cuisine. De nombreuses maisons modernes ne possèdent pas une salle à manger séparée, on prend donc généralement ses repas sur une table placée dans le salon, ou dans la cuisine. Mais, une grande entrée ou un palier peuvent servir de coin-repas ; dans les pays chauds, on utilise également à cet effet les balcons et les vérandas.

Dans certaines maisons, la cuisine et la salle à manger sont séparées par un mur de placards et de tiroirs allant du sol au plafond, auxquels on a accès des deux côtés. Ils sont aussi jolis que pratiques et un passe-plats peut y être incorporé. On peut aussi séparer les deux pièces par un comptoir bas transformé en espace de rangement, des placards construits dos à dos, un buffet central avec un dessus de marbre ou de pierre, ou par une fenêtre intérieure qui crée un apport de lumière des deux côtés. Le fait de varier les sols, un carrelage faisant suite à un plancher, ou de disposer un tapis sous la table et les chaises, ou de contraster le décor des murs peut marquer la différence entre la cuisine et la salle à manger.

LE MOBILIER

SUPERBES ANNÉES
Une salle à manger peut afficher sa personnalité grâce à des chaises à dos rond aussi belles que confortables (en haut) ou en mettant en vedette la patine du temps, comme ce buffet ancien aux motifs traditionnels (ci-dessus).

HEUREUX MÉLANGE
De simples meubles rustiques en bois patiné – sièges régionaux, buffet deux-corps rempli de vaisselle bleue et blanche, et un coffre – ont été choisis tant pour leur beauté que pour leur utilité (à droite).

Dans la salle à manger, le ton est donné par la table. Ronde, en chêne naturel, encadrée de chaises sculptées, elle aura l'air plus protocolaire qu'une longue table en pin encadrée de chaises rustiques ou d'une table médiévale en chêne avec un ensemble de chaises paillées dépareillées.

Plus conviviales et plus pratiques, les tables rondes sont généralement prisées, quoique les tables longues aient plus de succès à la campagne : plus faciles à dresser, elles prennent aussi moins de place. Une atmosphère plus détendue et plus conviviale s'établit dès que l'on prend place à une table rectangulaire, tâchant de prêter attention à ses proches voisins qui eux-mêmes tentent de saisir des bribes de la conversation du côté opposé. Si l'espace est limité, choisissez une table à abattants ou à rallonges pour les jours où vous recevez plus de monde.

Les sièges doivent être choisis tant pour leur confort que pour leur bel aspect. Dans une salle à manger rustique, tous les styles ont leur place : simples chaises paillées, sièges cannés, fonds tapissés avec dossiers en bois sculpté, bois peint imitant le bambou, sièges Windsor, ou, gustaviennes tapissées du classique tissu à carreaux bleus et blancs, Sheraton en acajou, avec leurs incrustations dorées. Différentes époques peuvent se marier, si l'on respecte un thème : matières, formes, couleurs ou dimensions. Les sièges trop sévères peuvent être adoucis par de minces galettes attachées aux barreaux par des rubans.

On peut également détourner l'utilisation du mobilier dessiné, à l'origine, pour la décoration extérieure : chaises de bistrot en fonte, fauteuils en rotin, chaises de jardin en métal noir recouvertes de coussins crème, chaises pliantes en bois ou en acier, bancs facilement escamotables sous la table lorsqu'on ne s'en sert pas, bancs à dossier en bois sculpté, ou banquettes garnies de tissu.

Le buffet est un accessoire de salle à manger aussi traditionnel qu'utile. On y range les couverts, les serviettes, les verres et les assiettes, et l'on pose dessus les condiments, les fruits, les fromages et le vin. Les victuailles et les plats de service peuvent être placés sur une étroite desserte ou sur une table demi-lune, tandis que la jolie vaisselle et la verrerie trouvent leur place sur des étagères ou dans un buffet. Lorsque l'espace est restreint, ou que l'on se sert de cette pièce à d'autres fins, les armoires encastrées procurent une importante capacité de rangement ; elles peuvent être construites en angle, et d'éventuelles portes supérieures vitrées laisseront deviner une collection d'objets d'art.

VAISSELLE RUSTIQUE

LA VAISSELLE EN VEDETTE

Une collection de plats colorés, de tasses, de pots et de bols, apportent autant de chaleur à une salle à manger que des livres à un salon.

● Les vaisseliers traditionnels ont généralement une petite cale en bois fixée à l'intérieur de leurs larges étagères afin d'empêcher les assiettes rangées de tomber et de se casser. Un système identique peut être utilisé pour supporter les plats disposés sur toute autre tablette.

● Pots, tasses, chopes peuvent être pendus à des petits crochets de boucher – si leur poignée n'est pas trop fragile –, à une tringle ou à des clous vissés sous les étagères.

● Assiettes, bols et plats peuvent être retenus par un râtelier comportant un barreau sur le devant de chaque étagère, et peuvent se présenter, penchés en avant, au lieu d'être inclinés vers l'arrière, comme c'est l'habitude.

● Les rebords d'étagères peuvent être décorés de métrages de dentelle clouée tout du long, ou encore de découpages en papier dentelle.

La qualité de la vaisselle traditionnelle en céramique ne s'altère pas avec le temps. En voyage, on peut trouver des productions locales qui décoreront harmonieusement une table. Le kaolin, le grès, l'émail et les décors peuvent changer, mais partout dans le monde on retrouve les mêmes lignes dans les pièces traditionnelles : des bols aux formes bien rondes, des assiettes godronnées, des pots gracieux et de grands plats ronds ou ovales.

On utilise la poterie vernissée brune pour la cuisine, comme les plats à gratin, ou les plats à tajine marocains. Les plats de service et les bols sont souvent décorés à la main : le vernis est parfois veiné ou moucheté, et chaque région a ses motifs traditionnels. Les couleurs sont celles de la terre : des bruns rougeâtres, des moutardes, des jaunes, des crèmes, ou encore des verts ou des bleus plus brillants que chaque pays utilise à sa manière. Par exemple, la faïence de Quimper, en Bretagne, a un fond crème et des dessins à l'antique colorés, peints à la main. Des couleurs plus éclatantes et des motifs mauresques sont typiques des terres cuites mexicaines. En Colombie, la poterie est vernie et cuite deux fois, ce qui donne aux plats marron très foncé l'aspect du bois.

COULEURS DE CAMPAGNE

La présentation harmonieuse de ces pots au lait placés sur le rebord d'une fenêtre normande (à l'extrême gauche) montre la richesse de la décoration au XIX*e siècle.*

Une collection de vaisselle dans divers tons de bleus et de blancs, joliment disposée sur un buffet aux tons de miel (ci-contre). Des contrastes de jaune et de rose intensifient la composition.

Le thème du jardin prédomine dans la vaisselle rustique. Des trouvailles chinées chez les brocanteurs peuvent produire de l'effet, (ci-dessous).

PLEINS FEUX...

... sur la vaisselle ! Paniers en porcelaine tendre, barbotines à motifs de choux, de raisins, de pêches ou de fleurs (en haut à l'extrême gauche) sont exposés dans un petit vaisselier vitré.

On a profité d'un renfoncement peu fonctionnel pour loger quatre étagères bordées de dentelle, qui mettent en valeur le charme délicat d'une jolie collection de services à thé et à café, ainsi que des verreries aux couleurs variées (en haut à gauche).

On a utilisé ce grand buffet traditionnel en pin (en bas à l'extrême gauche) pour exposer une collection de vaisselle dépareillée aux couleurs vives.

Un placard encastré ancien (en bas à gauche) supporte des piles de plats et d'assiettes à dessert. La désuétude des peintures et des papiers peints au dos de la porte, ajoute un attrait particulier au décor.

Le mélange de porcelaine à décor bleu et blanc et de vaisselle à décor floral ne se démode jamais. Même si les dessins sont différents, une table dressée avec des assiettes dépareillées, mais de même couleur, peut être tout à fait charmante.

MAGIE DU DÉTAIL

Les nappes en dentelle sont très belles, posées sur un fond soutenu, mettant en valeur l'argenterie et les beaux verres dressés sur une table. En damassé blanc bien amidonné, elles sont de très bon ton, mais trop fragiles pour être utilisées tous les jours : on les réserve généralement pour les repas de fête. La toile cirée – l'on en trouve de jolies – unie ou à motifs, est pratique dans une maison où la grande table familiale est utilisée en permanence.

Dans une salle à manger suédoise typique, aux murs d'un bleu intense, meublée d'une table et de chaises blanches, on retrouvera le bleu et le blanc dans le tissu à carreaux des sièges et des abat-jour. Les tissus les plus communément appréciés à la campagne sont les vichy rouge et blanc dont on fait des nappes, des serviettes, des coussins ou des rideaux. On utilise aussi comme dessous de nappes des tissus aux motifs plus éclatants – batiks, cachemires ou joyeux cotons provençaux – sous un tissu plus court, blanc ou d'une couleur contrastée.

Pour un grand dîner, on aime à disposer des milieux de table qui embaument le parfum des fleurs du jardin. On pense plus rarement aux bouquets de branches de gui et de fruits d'aubépine, de chèvrefeuille et de lierre aux fragrances pénétrantes, aux bols d'herbes fraîches, aux fruits et légumes en bois, aux coupes de couleur vive ou aux paniers remplis de fleurs de saison, perce-neige, crocus ou primevères.

La lumière doit être douce et discrète. Une suspension centrale à crémaillère, que l'on peut baisser afin de ne pas être ébloui, éclairera la table, sans que l'on soit pour autant aveuglé : c'est une bonne solution pour les salles à manger familiales où la table est souvent utilisée à d'autres fins que celles des repas. Deux petites lampes posées sur un buffet peuvent fournir un éclairage additionnel.

Le candélabre éclaire une salle à manger d'une manière très romantique. On peut aussi disposer de fines bougies que l'on place de telle sorte que tous les convives soient également éclairés. On utilise plus rarement, à notre époque, les bougeoirs muraux – tout simples, en étain, ils sont pourtant charmants –, mais lorsque le feu est allumé dans la cheminée, le scintillement des flammes apporte immédiatement une ambiance particulièrement chaleureuse.

DRESSER LA TABLE

L'originalité de cette longue table de réfectoire vient de sa nappe faite dans un tissu écossais (à gauche), avec des assiettes dépareillées bleues et blanches et des bougies blanches disposées dans différents bougeoirs en argent ou en porcelaine.

Cette table (ci-dessous), dressée sur une toile cirée vert pâle, avec un candélabre aux formes recherchées, la vaisselle habituelle et des dessous de plats d'une grande originalité, a un charme très particulier.

CHOISIR LA LUMIÈRE

Pour diffuser une lumière douce au-dessus de la table, un candélabre de style Shaker (ci-dessus) aux délicats bras de métal supportant de simples chandelles est un choix original.

CHAMBRES ET SALLES DE BAINS

COMBINAISONS ORIGINALES

Le quilt rouge et blanc qui recouvre ce lit ancien en bois est le point de mire de cette chambre à coucher (ci-contre). La combinaison inattendue des motifs, des couleurs et des objets en font le charme : les murs sont tapissés d'un tissu aux motifs typiques des Shakers, la cheminée en bois a été peinte en trompe-l'œil imitant le marbre, et le portrait est un parfait modèle d'art naïf.
Des robinets de cuivre anciens (ci-dessus) font tout le chic de cette baignoire.

A la campagne, la chambre à coucher, que l'on décore de ses couleurs préférées, est le refuge dans lequel on aime à disposer ses trésors les plus personnels, comme le canevas de son arrière grand-mère, les dessins des enfants, une curieuse collection de brosses à cheveux ou de flacons de parfum. C'est la pièce dans laquelle on vit le plus souvent tôt le matin et tard le soir, et qu'on a l'habitude de voir éclairée artificiellement. Il est donc souhaitable de rechercher des couleurs qui prennent un aspect velouté sous la lumière des lampes et qui soient superbes au soleil, ainsi que des tissus dont les motifs, filtrés au travers des volets, ou des stores, forment sur le sol des ombres gracieuses au réveil.

On peut choisir de peindre une chambre en blanc, en crème ou dans des tons pastels : c'est une bonne base pour imaginer ensuite mille possibilités décoratives : linge bordé de dentelle ou de travail au crochet, beaux meubles anciens et fins voilages. On peut laisser apparaître poutres et solives pour accentuer la différence entre le bois et les murs peints ou blanchis au lait de chaux. On peut également teinter de couleur sombre les encadrements des portes et des fenêtres, ainsi que les plinthes.

Les Shakers aimaient ajouter des bandeaux au pochoir, mais ils couvraient aussi les murs et les sols de fins dessins stylisés à thème de nature, ou représentant des étoiles ou des losanges. Carl Larrson, le peintre et décorateur suédois très en vogue au début du siècle, ornait aussi sa maison de décors au pochoir. Il peignait d'abord le bois du sol en crème, puis y dessinait des motifs – cœurs ou fruits – dans des tons de vert et de rouge ou de bleu, utilisant la même couleur pour souligner les encadrements de fenêtres et les bords des étagères. On peut trouver des bandeaux au pochoir tout faits : ils ont l'avantage d'être faciles à poser ; les bandes imprimées donnent un aspect similaire, quoique moins artisanal.

Dans nos fermes françaises, on mélange souvent des couleurs fortes comme le rose, l'ocre et le vert, à des tissus imprimés et du bois décapé ou ciré. Les bleus, les jaunes, et même les rouges clairs – couleurs préférées dans les pays chauds – accentuent l'aspect satiné ou les aspérités du plâtre, les veines du bois, ajoutent du relief à un mur tapissé de papier, en créant, dans la matière, d'intéressantes variations.

En Angleterre, les murs des chambres à coucher sont fréquemment tapissés de papier à petites fleurs. Boutons de roses sur fond rose pâle, bouquets de violettes attachés par un ruban, dessins stylisés représentant des jonquilles, et délicats paniers remplis de fleurs du jardin, se marient avec

COULEURS INSOLITES

Au lieu de teinter les poutres du plafond et des murs, comme on le fait généralement, les habitants de cette chambre (en haut à gauche) les ont peint en gris-bleu, ce qui éclaire la pièce et lui confère un charme original.

Dans une autre chambre de la même maison (en bas à gauche), les poutres ont été peintes d'une couleur orange patinée, en harmonie avec le mobilier.

Ici aussi (ci-contre), on a renoncé au traitement classique du plafond – qui aurait consisté à le laisser brut ou à le peindre en blanc ou en crème – pour lui donner une couleur d'un vert turquoise insolite. C'est un procédé efficace pour rendre la pièce plus lumineuse, alors que le bois brut l'aurait assombrie, sans pour autant que l'on soit ébloui par le soleil qui baigne abondamment la pièce.

le bois peint en blanc, les meubles peints, les couvre-lits blancs brodés, et les jolis rideaux de fine batiste. Cette touche romantique convient parfaitement aux chambres de petite dimension, surtout lorsqu'elles sont mansardées.

William Morris, écrivain et décorateur victorien, a lancé la mode des tissus et papiers peints à motifs stylisés, sur des thèmes bucoliques, inspirés par l'art oriental. Ses dessins, dans lesquels on retrouve des roses et des lis, des oiseaux et des grenades, du jasmin et du chèvrefeuille – dont beaucoup sont encore fabriqués aujourd'hui – conviennent bien à des chambres traditionnelles. Les motifs à grandes fleurs ont plus de succès aux États-Unis qu'en Europe : on y trouve généralement les murs tapissés de papier à grands motifs floraux peints sur un fond blanc, les quilts en guise de couvre-lit, et des sols en carrelage ou en linoléum, à grands damiers. On aime aussi les rideaux et les couvre-lits en chintz à fleurs, s'harmonisant avec des murs unis et des sols en bois décapés recouverts de tapis de lirette.

Les sols en bois-parquets classiques ou larges planches peuvent être peints ou vernis, cirés ou passés au blanc de céruse. Les tapis tissés dans des matières plus grossières, sisal ou coco, légèrement rugueuses sous le pied, trouvent mieux leur place dans une chambre à la campagne, qu'une moquette luxueuse, quoiqu'une moquette de couleur claire, recouverte d'un tapis soit confortable et de bon ton.

Certains pays froids ont opté pour le chauffage au sol : ainsi, ressent-on moins la froideur des matériaux comme la pierre, le marbre, les tuiles ou la brique. Et quelle que soit la matière choisie, les tapis ajoutent toujours de la douceur, et font des taches de couleur qui réchauffent l'atmosphère.

AÉRÉ

Simplicité est le mot-clé de cette chambre en Australie (à l'extrême gauche). Tout est blanc : la frisette peinte, le fauteuil et le coffre en osier, le coussin au crochet et le petit tapis en coton. La seule tache de couleur est apportée par la pointe de bleu dans le motif des rideaux. L'œil est attiré par la porte-fenêtre et sa balustrade basse soulignée de bleu vert, comme si l'on avait réussi à encadrer le paysage du jardin.

SÉDUISANT

*Un sol de bois nu et des murs unis en plâtre (ci-contre) forment une belle toile de fond pour ce lit à baldaquin américain du XVIII*e*, dont la voûte est recouverte de dentelle et le matelas d'un superbe quilt brodé.*

MAJESTUEUX

Dans la spacieuse chambre à coucher de cette maison de vacances en bois (double page suivante), le lit a été préparé avec de très beaux draps blancs, un châle espagnol brodé à franges, et un jeté de lit blanc surpiqué ton sur ton. Une banquette disposée contre la fenêtre permet de profiter pleinement du soleil et de la vue sur le lac. On a délibérément choisi des couleurs sourdes, et le seul motif peint de la pièce est celui de ce magnifique coffre bas, afin de faire ressortir les lignes créées par le bois brut des murs, des chevrons et du plafond.

LES LITS

BLANC ET BLEU
On remarque encore plus ce très beau lit ancien grâce à son élégant baldaquin dont les larges plis tombent du plafond incliné (ci-dessus). L'utilisation généreuse de ce vichy bleu et blanc typiquement campagnard, est tout à fait judicieuse.

Un superbe bois de lit ancien est le centre d'intérêt d'une chambre à la campagne. Il peut être en chêne, dans un bois à veines plus fines comme celui du noyer, du merisier, ou dans du pin de belle qualité. Si vous avez la chance de posséder un tel lit, gardez-le précieusement. Rien ne remplace la patine accumulée au cours des années, mais cela vaut la peine de décaper un lit peint. On peut le cirer si le bois est beau ; on peut aussi le décorer avec une peinture à l'ancienne, le teinter, le peindre au pochoir ou le laquer.

Il existe différents styles de lits en bois : ils peuvent avoir quatre colonnes et un baldaquin, ou un simple dosseret, orné de pilastres torsadés. Dans le temps, on drapait les colonnes de lourds tissus, afin de se protéger de la lumière et des courants d'air, mais vers le milieu du XIXe, ayant admis l'idée des chambres bien aérées, l'on a préféré les mousselines légères, le coton fin et la dentelle. Le couvre-lit et les rideaux d'une chambre à la campagne doivent être simples ; les volants et autres colifichets sont inutiles. Les lits traditionnels en fer forgé ou en cuivre sont assez faciles à trouver. On peint généralement le fer en noir ou en vert foncé, car ces couleurs mettent en valeur les lignes décoratives du lit. Le blanc est aussi conseillé contre un mur de couleur pâle.

Les lits anciens sont généralement assez inconfortables, et souvent plus courts que les lits modernes. Dans certains cas, le matelas rempli de paille ou de plumes était, jadis, soutenu par des cordes entrecroisées que l'on passait par les trous pratiqués dans les traverses du lit. On peut remplacer les traverses par d'autres, faites sur mesure, et les inconfortables cordes par des lattes de bois.

Dans les fermes, les lits étaient fréquemment construits dans des alcôves, souvent près de la cheminée. Le lit était surélevé sur un socle dont on pouvait utiliser l'intérieur à des fins de rangement, et son alcôve était encadrée de panneaux décoratifs, quelquefois fermée par de légers rideaux. Dans les pays scandinaves, les panneaux étaient souvent peints en blanc, et les baguettes d'encadrement en bleu, rouge, ou vert vif ; dans le sud de l'Europe, on laissait au bois sa couleur naturelle.

Les lits et les matelas modernes ont aussi leur place dans une chambre rustique, recouverts d'un bel édredon ou d'un dessus-de-lit en piqué ou en macramé. Et, pour broder sur le thème campagnard, on peut disposer une pile de jolis coussins, suspendre une broderie ou un tableau sur écorce au mur, et décorer la tête du lit par un chevet que l'on peut fabriquer ou trouver chez un antiquaire.

BLEU ET BLANC
Dans une ferme de Rhode Island, on a utilisé du tissu à grands carreaux bleus et blancs pour le couvre-lit et le baldaquin de ce lit à colonnes (ci-dessus). Le baldaquin original était probablement tendu de lourdes draperies, afin de protéger le dormeur des courants d'air, usage qui tomba en désuétude vers le milieu du XIXᵉ siècle.

Un bleu dur délimite l'ouverture de ce lit clos (ci-contre) dans une maison de pêcheur sur la côte bretonne. Ce genre de lit peut être pratique dans une maison froide.

BEAUX LITS
Orné de flèches découpées dans le métal, ce lit aux lignes élégantes, à la manière Empire (ci-contre), contraste heureusement avec le mur de plâtre badigeonné de blanc et le sol carrelé. Une table aux pieds torsadés et une peinture italienne du XVIIIe suffisent à ce sobre décor. Le bois ciré de ce lit sophistiqué (ci-dessus) contraste avec les murs en frisette de châtaignier.

BEAUX CHEVETS

On peut donner du caractère à une chambre avec un beau chevet. On les trouve tout faits, mais on peut aussi imaginer d'autres possibilités :

- Un cadre en bois – baguettes décoratives ou récupération d'un dos de buffet – peut être vissé à la base du lit, ou fixé directement sur le mur.
- Un tapis ou une broderie peuvent être suspendus sur le mur à la tête du lit.
- Un baldaquin peut être fabriqué en fixant des tiges de bambou au cadre du lit, que l'on drapera de mousseline.

PARURES DE LIT

TOUT BLANC

Cette chambre new-yorkaise a été transformée en boudoir de campagne (ci-contre) grâce à un lit de fer peint en blanc, préparé avec du linge d'une blancheur immaculée, et recouvert d'une ancienne courtepointe blanche. Draps et oreillers sont décorés de dentelle ancienne, facile à trouver aux puces ou chez les brocanteurs. Ce couvre-lit, réalisé en broderie blanche, selon un motif de losanges, donne à l'ensemble de la pièce un style tout à fait campagnard (en bas à gauche). Les découpes croisées décorant le haut de l'ensemble armoire et table de nuit sont très inhabituelles et le style de la tête de lit est quasiment néo-gothique.

MULTICOLORE

Dans cette chambre XVIIIe du New Hampshire (à droite), un mélange presque accablant de motifs différents a été fait avec une grande audace. On voit dominer les couleurs fortes du patchwork de ce lit à baldaquin, posé contre un fond en papier peint stylisé à fleurettes bleues, auprès de rideaux brodés à l'aiguille, et de tapis à rayures géométriques.

Dans une chambre à la campagne, le lit est recouvert d'un édredon, d'un couvre-lit en piqué ou, plus récemment d'un quilt. Le choix est vaste : couvre-lits en laine tissés à la maison, quilts très travaillés faits de patchworks, couvertures en tissus appliqués, ou jacquarts colorés, si prisés au XIXe.

L'art du quilt a atteint son apogée aux États-Unis, aux XVIIIe et XIXe siècles. Les quilts étaient faits de petits losanges et d'hexagones, et de grands carreaux posés en alternance. On les découpait dans des cotons, de la laine ou de la soie unie ou imprimée avec des tons subtils, couleurs primaires ou géométries vigoureuses. Ils étaient cousus en motifs sinueux, étoiles, fleurs, formes d'animaux, figures géométriques et larges raies. Une fois achevé, le patchwork était molletonné et doublé, puis surpiqué de motifs en forme de losanges et de carrés, ou suivant le motif du tissu. On cousait également des carrés de tissu sur des cotons ou des satins unis, et, d'une manière plus élaborée pour souligner les motifs des tissus imprimés.

On peut trouver des quilts anciens chez les antiquaires spécialisés dans les arts et traditions populaires, mais ils sont chers. On peut en réaliser soi-même, si on a le temps, ou les coudre à la machine, mais ils n'ont pas le charme de ceux faits à la main. On peut faire d'insolites couvre-lits en appliqué, cousus à la main ou à la machine. Les motifs peuvent être pris dans des tissus imprimés, grandes fleurs par exemple, posés sur un tissu de belle qualité, comme un lin épais, un coton fin, ou un velours aux couleurs douces. Beaucoup d'anciens quilts en appliqué ont des dessins très élaborés, où tous les détails de chaque fleur, ou autre motif, sont fabriqués de minuscules morceaux de tissus de couleur et matière différentes.

Les exquis châles espagnols brodés en passé plat, les laines indiennes blanc cassé rebrodées de couleurs vives, et les couvertures au crochet en coton blanc ou crème, sont aussi des couvre-lits parfaits à la campagne.

Le linge blanc ou crème, en coton ou en lin, convient mieux dans une chambre rustique que les draps en couleurs ou à motifs que l'on trouve maintenant. Les draps en lin fabriqués de nos jours sont chers, mais on peut en trouver chez les brocanteurs. Le lin dure longtemps, et il devient plus beau avec le temps. L'inconvénient est qu'il faut l'amidonner et le repasser. On peut néanmoins opter pour un coton de bonne qualité, comme la percale.

RANGEMENT

Dans nos campagnes, l'armoire était jadis le meuble le plus important et le plus précieux de la maison, et le centre d'intérêt d'une pièce. Si le bois est de belle qualité, il ne faut pas le peindre. Dans le cas inverse, les meilleures couleurs à choisir, sont les pastels, bleu-vert ou turquoise pâle, en utilisant des tons contrastés pour les détails.

Dans les chambres modernes, il y a rarement assez d'espace pour les grandes armoires, et on préfère construire des placards. Les Shakers utilisaient des bois magnifiques pour couvrir des murs entiers de placards et de tiroirs dans un style austère, pour construire des portes pleines et des rangements au style dépouillé.

Des placards modernes sans ornement peuvent prendre un aspect rustique si on leur ajoute de jolies moulures, des poignées et des serrures anciennes ; il est préférable de les peindre de la couleur du mur ou de les couvrir d'une peinture à l'éponge.

Les coffres en bois et les ottomanes ont le double avantage de servir de siège et de meuble de rangement. Les ottomanes peuvent être tapissées de lourd tissu rayé, à motifs floraux ou de kilims anciens.

DANS LES MURS
Il est rare que, dans les pièces à la campagne, les murs soient d'équerre : ce placard blanc (ci-dessus) sur un mur blanc impeccable a été ajusté à la mesure de la chambre mansardée, et un grand soin a été apporté aux détails.

Chaque centimètre d'espace autour de cette fenêtre de grenier (ci-contre) a été utilisé pour le rangement. Tiroirs et placards entourent cette banquette au confortable coussin fleuri en coton.

CONTRE LES MURS

Un placard à l'ancienne (ci-contre) a été construit dans un coin biscornu sous un escalier. Il est réalisé avec des planches inégales et des gonds de fer forgé noir. On a aménagé une étagère triangulaire minuscule, juste assez grande pour recevoir un vase de fleurs.

Cœurs noirs et beiges, fleurs et chats décorent ce coffre (en haut à gauche), dessin symétrique typique de l'art colonial américain.

Un meuble lourd d'aspect peut déséquilibrer l'harmonie d'une pièce. Le fait d'avoir peint cette grande armoire (ci-dessus) la fait paraître plus légère et plus élégante.

GROS PLANS SUR LA CHAMBRE

Les lumières trop vives sont malvenues dans une chambre à la campagne : un éclairage qui rappelle celui des bougies ou du feu de cheminée est plus approprié. Pour lire au lit, on peut utiliser des lampes à pétrole ou des vases en terre convertis en lampes de chevet, des chandeliers à abat-jour noirs, ou même des lampes à halogène. Une petite table ancienne, une commode miniature, voire un tabouret, peuvent servir de table de nuit. Elle doit avoir une taille suffisante pour supporter une lampe, un livre, et peut-être un téléphone.

Pour compléter le décor, choisissez des objets dont le charme rustique parachèvera l'atmosphère champêtre : des collections de paniers, des miroirs encadrés de bois, des modèles de broderie, des chemises de nuit anciennes en dentelle, des tableaux représentant des fleurs et des oiseaux, des appeaux, des pichets anciens, des coupes de fleurs fraîches ou une chaise en rotin.

ÉLÉGANCE FLEURIE
Dans la plupart des maisons anciennes, il y avait des cheminées dans chaque pièce. Dans cette chambre (à gauche) on a rempli la cheminée de fleurs séchées, pour un effet décoratif. Mais, lorsque les nuits deviennent plus froides, il est agréable d'allumer le feu et de regarder les flammes.

ÉLÉGANCE AUSTÈRE
Une chambre peut être belle dans sa sobriété (ci-contre) : petite table de toilette en merisier, fauteuil et sèche-linge anciens, lit de repos en bois et mur de placards encastrés plantent le décor. Les détails, aussi simples que soignés, rappellent la règle d'or énoncée par William Morris : « Il ne peut y avoir que deux sortes d'objets dans une maison : ceux qui sont utiles et ceux que vous trouvez beaux. »

BIEN PROPORTIONNÉ
Les proportions de cette petite armoire en pin (ci-dessus) sont parfaites pour une chambre d'enfant. La dentelle qui la recouvre est un support délicat pour cette charmante collection de poupées et de peluches.

PATCHWORK FACILE À FAIRE

Un quilt est plus facile à réaliser à la machine qu'à la main, et il peut devenir un joli couvre-lit.

- Dessinez le motif avant de commencer : optez pour une structure logique et symétrique.
- N'utilisez pas plus de six tissus différents dont deux couleurs vives seulement, répétées dans des densités différentes.
- Coupez les morceaux en carrés, losanges ou triangles : les formes ayant plus de 4 côtés sont très difficiles à coudre à la machine.
- Réunissez les morceaux en longues bandes, et cousez le tout.
- Molletonnez et doublez le quilt, puis cousez ensemble les 3 épaisseurs suivant le contour des morceaux, ou en diagonale, sur toute la longueur de l'ouvrage.

BIEN CARRÉ
Des meubles – classeurs en bois (ci-dessus) peuvent devenir des coffres à jouets ingénieux. On retrouve le thème du carré dans les étagères utilisées pour exposer les petites voitures, les peluches, les accessoires de sport et les magazines.

Un patchwork piqué à la machine, à partir de cotons rouges et blancs et de vieilles chemises fait un très joli couvre-lit, pratique et gai dans une chambre d'enfant.

PACIFIC COAST BORAX CO.
20 MULE TEAM POWDERED BORAX

SALLES DE BAINS

BIEN AU LARGE
Assez imprévue, cette salle de bains (ci-contre) installée dans l'angle d'une chambre sous les toits, avec une solide baignoire. Robinets et porte-serviettes chauffants en cuivre étincellent. Quant au lavabo, il a été posé sur un support décoratif.

GAIN DE PLACE
Une baignoire ancienne, très étroite (ci-dessus), est un moyen superbe et original de gagner de la place. Pour la mettre en valeur, on l'a surélevée et on a recouvert la marche des mêmes tommettes que le sol.

Dans les toiles de Paul Bonnard qui peignait des scènes de femmes au bain, il y avait généralement des baignoires en émail à pieds de griffons, des murs en frisette peinte, et des sols en plancher, ou, quelquefois, en linoléum imprimé. On retrouve souvent la frisette peinte dans les salles de bains rustiques, dans les maisons en bois d'Amérique du Nord, de Nouvelle-Zélande et d'Australie. Elle peut couvrir le mur du sol au plafond, ou le lambris d'appui seulement, avec un mur supérieur en plâtre ou en papier peint.

Le plâtre est parfait pour les murs de salles de bains. Pour lui donner un aspect plus lumineux, il peut être peint en blanc, en crème, dans des tons pastels, ou bien dans des teintes plus vives, et on peut décorer les murs de panneaux peints à la main ou de bordures au pochoir. Choisissez une peinture mate pour les finitions ; la laque, parfaite sur le bois, peut causer une condensation sur les murs.

Les Italiens préfèrent un carrelage crème ou blanc qui court du sol au plafond ; ils aiment aussi remplacer la baignoire par une douche à même le sol dont l'eau s'écoule par une déclivité du carrelage. En France, on peut utiliser un carrelage identique pour les murs et le sol, souvent avec un lambris d'appui décoré. On peut voir un lambris d'appui vert, avec des murs et un sol en carrelage blanc à losanges verts, des meubles de rotin peints en rose et des plantes vertes à profusion. On fait maintenant des linoléums à motifs de carrelage traditionnel. Comme jadis dans la campagne romaine, on peut allier un simple dessin noir et blanc au sol avec une peinture à l'ancienne sur les murs. On peut dans la même pièce peindre un faux lambris d'appui en turquoise ou en rouille, et le border d'une ligne de carreaux noirs et blancs ; les Anglais préféreront un mur et un lambris rose pâle et beige.

Si les fenêtres sont en verre dépoli ou « cathédrale », elles n'ont pas besoin de rideaux. Le cadre de la fenêtre peut être souligné par une bordure peinte à la main ou au pochoir. Utilisez une couleur unique pour les motifs simples – feuilles, fleurs, oiseaux, poissons ou figures géométriques –, des couleurs contrastées pour les dessins plus compliqués, et encadrez la porte avec le même motif. Le haut en bois de la porte de la salle de bains peut être remplacé par un panneau de verre dépoli, uni ou à motifs, ou par un vitrail. Les rayons du soleil au travers d'une vitre colorée sont encore une belle image de la vie à la campagne. Les baignoires en fonte ou en acier émaillé supportées par des pieds de griffons sont classiques, de même que les baignoires encastrées dans du

BRUT

On n'a heureusement pas restauré la peinture originale bleu-gris de ce placard à linge (ci-dessous). Tel quel, il est plus intéressant que s'il avait été décapé ou repeint, et posé contre un carrelage blanc, impeccable : son mauvais état disparaît à l'avantage de son aspect pittoresque.

bois. Les panneaux en plastique moulé ou en acrylique sont plus controversés, de même que les baignoires de couleur. Les douches individuelles sont plus jolies dans une cabine de verre plutôt que fermées par du plastique. Les lavabos peuvent être sur pied ou fixés au mur, ou encastrés dans une table de toilette en marbre. Les robinets traditionnels, que l'on trouve facilement, sont simples et fonctionnels. Comme les baignoires et les lavabos, les toilettes sont sobres et belles, surtout si elles sont couvertes d'une lunette en bois.

Les prémices de la salle de bains étant bien établies, ce sont les accessoires qui lui donnent son cachet rustique : chaise en rotin, caillebotis, tapis de bain en jonc, éponges végétales, bouteilles d'eau de rose en verre bleu, paniers remplis de jolis savons, miroir avec un cadre peint, porte-serviette sur pied, et beaux porte-savons en porcelaine.

DÉLICAT

La beauté unique de cette baignoire ancienne en pierre a été accentuée par l'apport du baldaquin en dentelle qui crée un espace intime. On peut noter les détails soignés, comme l'applique et les accessoires, que l'on ne devrait jamais oublier dans une salle de bains.

LUMINOSITÉ

L'éclat de ces anciens robinets en cuivre reflète les couleurs arc-en-ciel de ce carrelage vernissé (ci-dessus). Les mêmes tonalités ont été utilisées dans une autre salle de bains (à droite), mais dans des matériaux complètement différents. Ici, le bois brut contraste avec le bois peint, le fonctionnel avec l'art du décor. Il y a une amusante juxtaposition de l'armoire à pharmacie en bois et de la sculpture réalisée à partir d'un échantillon de fenêtre à guillotine.

LUMIÈRE NATURELLE

Dans les maisons transformées en appartements, les salles de bains sont souvent sombres. On sentira mieux l'atmosphère rustique si l'on introduit la lumière naturelle en remplaçant par du verre les panneaux supérieurs d'une porte en bois. Il existe du verre renforcé opaque uni, dépoli, ou gravé, ou du verre transparent.

- Enlevez les moulures d'un côté de la porte, et détachez le morceau de bois. Utilisez-le comme mesure pour le verre à poser, et demandez au vitrier de couper 2 morceaux de même taille.
- Choisissez de nouvelles moulures du même modèle que celles que vous venez d'enlever, coupez-les à la mesure de la vitre et assemblez-les sur les coins.
- Placez le verre en position sur la porte, en le maintenant de l'autre côté par du ruban adhésif. Posez la moulure sur le verre intérieur, et collez-la soigneusement en place.
- Traitez le deuxième panneau de la même manière.

VELOUTÉS

Une mince bordure délimite les jaunes utilisés sur le lambris d'appui en frisette peinte et le papier des murs supérieurs (ci-dessus). La minuscule cheminée rappelle d'une manière charmante que la salle de bains n'est pas seulement l'endroit où l'on se lave, mais également un lieu de relaxation.

JARDINS D'HIVER ET VÉRANDAS

OMBRE ET SOLEIL
Un renfoncement abritant du soleil méditerranéen trop accablant crée un lieu idéal pour dîner au frais (ci-contre). En revanche, une autre table a été dressée de manière à recevoir les rayons du soleil couchant (ci-dessus).

A la campagne, les frontières entre l'intérieur et l'extérieur de la maison sont adoucies, et l'on a toujours une impression de continuité. Le jardin d'hiver, la serre ou toute autre pièce ouverte au soleil – véranda ou balcon – sont essentiels et gomment la frontière entre la maison et l'extérieur. Il y a quelque chose de nostalgique et de désuet dans ces espaces élégants et confortables créés jadis pour profiter de la chaleur des longues journées d'été, avec ses anciens canapés et ses chaises en osier, ses hamacs et ses plantes vertes.

Même une maison moderne austère peut avoir l'air campagnard si on lui adjoint un jardin d'hiver. Il n'est pas toujours nécessaire de construire une véranda : un coin ensoleillé, décoré avec du mobilier de jardin, des coussins, des bottes de lavande et de romarin dans de vieux paniers, des pots en terre vernissée, et une ou deux grandes plantes spectaculaires, peut devenir un véritable paradis.

CHAMBRES AVEC VUE
Une pièce baignée de soleil sera belle pavée de carrelage jaune, vert ou blanc cassé (à gauche) et décorée de plantes vertes et de sièges cannés. Un rideau de toile abritera la pièce des rayons du soleil, la rendant aussi agréable pour se relaxer que pour travailler.

La profusion de feuillage et de plantes grimpantes à l'intérieur de cette serre (ci-contre) gomme la différence entre intérieur et extérieur de la maison.

MOBILIER DE JARDIN D'HIVER

Une profusion de plantes vertes adoucira un jardin d'hiver moderne, mais il faut trouver la mesure.

- Pour le ventiler, pratiquez des aérations dans le toit : près du sol, elles causeraient des courants d'air.
- En été, abritez les plantes du soleil.
- Le sol doit être étanche afin de supporter un arrosage régulier.
- Le mobilier doit pouvoir résister à l'humidité : chaises et tables en rotin originellement conçues pour les pays tropicaux, par exemple.
- Les prises électriques doivent être protégées ou installées dans la maison.

JARDINS D'HIVER

Bien qu'il y ait une différence de style entre la serre et le jardin d'hiver, tous deux sont des pièces vitrées situées sur le côté ensoleillé de la maison. Sous les rayons du soleil, l'hiver semble alors plus lointain et l'été plus intense.

À l'origine destinée aux plantes exotiques, la serre est une « maison de verre », très en vogue dans le nord de l'Europe. Auparavant, la mode était à l'orangerie – pavillon ouvert ou vitré construit dans les mêmes matériaux et le même style que la maison. Mais le Crystal Palace construit en 1851 par Joseph Paxton pour la Grande Exposition à Londres a lancé la mode des serres préfabriquées en métal et en verre. La serre a généralement un toit incliné en verre.

De hautes fenêtres sont placées sur un mur bas construit dans le même matériau que la maison, le mur est en verre, du sol au plafond.

Les sols pouvant supporter un arrosage fréquent sont traditionnels. Ils peuvent être faits de tuiles de couleur formant d'élégants motifs : briques aux tons chauds, carreaux de céramique, dalles de marbre, granit et ardoise,

TAMISÉ

Une ancienne orangerie (ci-dessus) – traditionnellement tempérée pour la culture des agrumes – a été transformée en salon-salle à manger. Une table et des chaises pliantes de jardin, ainsi qu'un meuble en bois imposant accentuent les proportions généreuses de la pièce.

pierre, et même plancher de bois. Les planchers laissés bruts, peints ou dessinés au pochoir se conservent très bien si la pièce n'est pas trop humide.

On trouve facilement des serres préfabriquées de toutes tailles et dans tous les styles. Il est donc facile d'en trouver une qui convienne au style et à l'espace disponible de votre maison, qu'elle se trouve au rez-de-chaussée, sur le toit ou sur un balcon.

Elles sont plus jolies lorsqu'on peint en blanc leur cadre de métal ; la serre la plus banale deviendra alors une charmante extension de votre appartement si vous lui confectionnez un joli sol et si vous la garnissez de plantes vertes et de meubles en rotin. Une serre en bois est généralement coûteuse et demande plus d'entretien, mais peut mieux s'harmoniser avec le style de la maison. Si vous ajoutez un toit pentu en verre qui court tout au long d'un côté de la maison, vous créerez un chemin lumineux que vous pourrez décorer de plantes.

Dans une véranda, il est moins important de mettre l'accent sur les plantes et l'exotisme. C'est un espace intérieur sans prétention qui permet de profiter des moindres rayons du soleil. Ce peut être un simple coin de terrasse que l'on aura vitré ou une pièce complètement vitrée sur un côté. On doit pouvoir ouvrir largement les fenêtres pour laisser entrer la brise, les parfums et les bruits du jardin : une porte peut s'ouvrir directement sur le jardin ou la terrasse.

Les murs d'une véranda qui jouxtent la maison peuvent être construits dans le même matériau que la maison elle-même – crépi, pierre, brique ou bois. Les autres sont en bois. Ils sont souvent peints en blanc ou dans des couleurs pâles, parfois, au contraire, dans des couleurs vives : des roses et des jaunes éclatants par exemple que l'on a dilués pour leur donner un éclat et une profondeur particuliers. Sur cette toile de fond, on peut disposer des tapis chatoyants, des coussins imprimés, des meubles de rotin peints, parmi les plantes en pots ou que l'on peut suspendre au plafond.

ÉCLATANT

Les murs vitrés de cette pièce baignée de soleil sont encadrés de bois à la manière de fenêtres à petits bois, avec des étagères incorporées.

Les stores rayés orange et brun sur la pente du toit peuvent être tirés facilement. Au cœur de l'été, il règne souvent une chaleur insupportable dans les serres et les vérandas qu'il faut alors abriter du soleil : jalousies, stores japonais, bouillonnés de tissus, ou mousselines drapées lâchement sur des linges sont du plus bel effet.

TERRASSES COUVERTES

Dans presque tous les pays, les terrasses couvertes sont utilisées pour se protéger des éléments, soleil tropical, pluies ou giboulées. Sauf dans les pays extrêmement froids, elles sont considérées comme salons de plein air qu'on utilise l'été.

La terrasse couverte est un espace qui ne se trouve en fait ni à l'intérieur ni à l'extérieur de la maison. C'est un intermédiaire entre la lumière et la chaleur du monde extérieur, et la fraîcheur et l'ombre de l'intérieur.

Les terrasses qui donnent sur la rue sont de bons prétextes aux bavardages avec les voisins et les passants. Elles peuvent être également plus retirées, retranchées derrière des haies ou des clôtures, ou cachées sur le côté ou à l'arrière de la maison.

Les superbes villas du nord de l'Amérique ont des terrasses couvertes en bois avec des sculptures en bois ou en fer forgé. Des sols de bois dur auxquels les intempéries donnent parfois une teinte argentée courent de la maison au jardin. Les toits pentus ou incurvés sont souvent en tôle ondulée, matériau que l'on n'apprécie guère en Europe. Quelquefois, elles sont aussi en pierre ou en brique, dans le même matériau que les murs de la maison. Elles agrandissent les limites de l'intérieur et invitent le visiteur à se reposer sous leur ombre.

FRAÎCHEUR NORDIQUE
Vue de face, cette jolie terrasse couverte qui orne une maison de Norvège (à gauche) ressemble à un balcon : en fait, une volée de marches se cache sur le côté, sous une profusion de fleurs. Les motifs de bois découpé décorant les trois arcades sont des détails qui donnent du charme à cette maison toute simple.

CHALEUR TROPICALE
Les climats chauds inspirent souvent une architecture toute de sobriété. Cette grande terrasse en ciment (ci-dessus) crée un salon extérieur ombragé, meublé de chaises longues, qui rafraîchit l'intérieur. Le toit en tôle ondulée de cette maison en bois australienne (à gauche) se prolonge sur une terrasse cloisonnée à chaque bout.

MOBILIER

NATUREL ET BLANC
Un magnifique fauteuil ancien en vannerie (en haut à gauche) trône dans ce jardin d'hiver aux murs vitrés et au sol recouvert de solide céramique. Un canapé à deux places en vannerie peinte en blanc (ci-contre) avec des coussins rayés bleu et blanc, apporte une grande fraîcheur à cette pièce toute blanche.

VERT ET FRAIS
Peints en vert comme ce fauteuil, les meubles de jardin sont bien à leur place dans une serre (ci-dessus). Sur une terrasse surélevée par des briques (à droite) dans un coin idyllique d'un jardin espagnol, on a pendu un attrayant hamac vert.

Les jardins d'hiver sont des lieux intimes et accueillants, avec un mobilier choisi pour son confort, négligemment disposé au milieu de pots en terre cuite et de baquets en bois. On y trouve des canapés recouverts de housse en chintz ou en coutil avec des tas de coussins dépareillés. Les canapés en vannerie sont confortables mais on peut aussi fabriquer des banquettes incorporées au mur, recouvertes de coussins épais. Parmi les sièges traditionnels, on remarquera des balancelles, des fauteuils à bascule, des chaises de jardin en fer forgé, en osier, en rotin. Des tables basses, solides, permettent d'allonger les jambes. Des canapés et chaises dépareillés ne choqueront pas s'ils sont de la même couleur – blanc, noir, rouge, vert ou même violet. Les coussins peuvent être recouverts de chintz, de toile de bâche ou de lourd coton tissé, de raies, de figures géométriques, de calicot, ou de joyeux motifs hawaïens.

Sous une terrasse couverte ou dans une serre, au milieu de la journée, la chaleur peut devenir excessive, et il faut pouvoir faire de l'ombre. Il convient donc de poser des stores, du lin écru ou tendu du sol au plafond. Les stores vénitiens ou en bambou sont également appropriés : il y a quelque chose d'apaisant dans le cliquetis des lattes de bois sous la brise. On voit le plus souvent les stores à l'italienne sur les devantures de boutiques, mais lorsqu'ils sont posés sur les grandes fenêtres des maisons, ils font un bel effet. La touche finale essentielle est apportée par les plantes : paniers de fougères et de fuchsias pendus aux poutres du plafond, glycine grimpant sur les colonnes de la terrasse, rosiers en pots que l'on peut regrouper.

Dans une serre, un grand palmier peut former un centre d'intérêt, des marguerites blanches et des buissons d'hortensias peuvent border les marches de l'entrée.

SALLES À MANGER DE PLEIN AIR

UN PIED DEDANS

On a créé une salle à manger de plein air baignée de soleil (ci-dessous) en construisant un mur bas qui la sépare du jardin et une pergola recouverte de vigne. Le miroir placé sur un mur donne l'impression de doubler l'espace.

Les plaisirs de la table sont encore plus intenses lorsqu'on prend les repas dehors, au milieu des odeurs du jardin et des bruits de la campagne. Un repas simple fait de pain, de bon fromage et d'un vin rouge léger devient un festin lorsque les feuilles brunissent autour de vous et que le soleil luit au travers du plafond à claire-voie de la terrasse. Les conversations fusent dans la douceur des nuits estivales lorsque la table est éclairée par les bougies et le clair de lune.

Préparer les repas dans une cheminée extérieure ou sur un barbecue est l'une des joies de la vie au grand air et dispense des nombreuses allées et venues à la cuisine. Plus adaptés aux balcons, les braseros en terre cuite ou les grils japonais sont plus agréables à regarder que certains modèles courants,

vraiment trop encombrants. Néanmoins l'idéal reste la cheminée artisanale. Si l'endroit où l'on prend les repas est éloigné de la maison, pensez à construire une glacière pour tenir les boissons au frais.

Une salle à manger extérieure doit être délimitée. Une fois marquée la séparation, elle donne l'illusion d'être une véritable pièce. Un mur de la maison, du treillage ou des claustra, des colonnes et des plantes l'abriteront du vent tout en donnant une impression d'intimité. Elle doit être à ciel ouvert ou partiellement ouvert. Les toits à claire-voie, couverts d'une treille, de stores en rotin, ou de tout autre matériau pouvant lui dispenser de l'ombre, sont du plus bel effet. L'on peut aussi faire un plafond en toile de bâche que l'on ouvrira et que l'on fermera au moyen de cordons.

On fabrique depuis longtemps du mobilier pour les salles à manger de plein air ; il est quelquefois tellement beau qu'on l'utilise aussi à l'intérieur de la maison. Certains meubles, comme les bancs et tables en pierre, sont conçus pour rester sur place par tous les temps. Les autres, qu'ils soient en teck ou fer forgé, peuvent rester dehors, mais ils s'abîmeront un jour ou l'autre. Il faut les entretenir avec soin. Les meubles en rotin, en bambou ou en bois qui sont si beaux doivent, en revanche, être rentrés dès qu'il pleut, ainsi que les tables et les chaises pliantes. Le plus important est que la table soit bien équilibrée – ce qui n'est pas évident sur un sol inégal – et que les chaises soient confortables. C'est, en effet, l'endroit où l'on aime s'attarder lorsque la table a été desservie.

UN PIED DEHORS
Une longue terrasse, pavée en pierre et abritée par une pergola, court sur toute la longueur de cette maison (ci-dessus). La porte de la cuisine s'ouvre directement sur le coin du jardin où l'on prend les repas.

ÉCLAIRAGE ROMANTIQUE

Si l'on dîne souvent à l'extérieur, il faut prévoir un éclairage adéquat. Les bougies créent une atmosphère plus romantique.

- Placez les bougies dans des photophores pour protéger la flamme du vent.
- Ajoutez des flambeaux piqués dans le sol.

JARDINS RUSTIQUES

PROFUSION DE COULEURS
Voici une fontaine en terre au milieu d'un massif de dalhias (ci-contre). Les couleurs de ce jardin donnent l'impression d'avoir été choisies au hasard : en fait, la progression des beiges, des jaunes, des oranges, des roses, des rouges et des pourpres a été réfléchie et chaque plant a été harmonieusement disposé. La récolte automnale du jardin a été rassemblée dans un panier plat (ci-dessus).

Le jardin d'agrément peut se composer d'une profusion désordonnée de chèvrefeuille et de roses, de jasmin, de roses trémières, de jacinthes et de marguerites côtoyant des plants de romarin et de ciboulette, avec un arrière-plan de verdure à feuilles persistantes. Il peut y avoir une pelouse pour s'allonger à l'ombre des arbres, une petite fontaine ou un cadran solaire, une tonnelle couverte de roses grimpantes, ou une rangée d'ifs contre un vieux mur de pierre. On peut faire des allées en dalles de pierre ou en gravillons, et placer un banc dans un coin tranquille.

On peut créer sur un balcon ou sur un toit plat un jardin qui ait un air de campagne, en réunissant les plantes dans un charmant assortiment de bacs en bois et de beaux pots en terre cuite. Les grands palmiers et les plantes à feuilles persistantes abritent des voisins et du vent. Pour obtenir d'harmonieuses plantations saisonnières, on peut utiliser des bacs et suspendre des paniers de géraniums et de fuchsias, une masse d'iris, des roses grimpantes et des pois de senteur, et un mélange de lupins, de campanules, et de pivoines. On peut aussi planter un ou deux arbres fruitiers nains qui donneront des fruits, et même des haricots verts ou des tomates sur des tuteurs, ou un petit jardin d'herbes.

JARDINS D'HERBES

Un jardin d'herbes, même modeste comme une rangée de pots sur le rebord d'une fenêtre, ensoleillée et abritée, est essentiel dans une maison de campagne. Les herbes les plus importantes pour la cuisine sont :

l'**aneth** (annuel)
le **basilic** (annuel)
la **ciboulette** (vivace)
l'**estragon** (vivace)
le **fenouil** (vivace)
le **laurier** (vivace)
la **marjolaine** (vivace)
la **menthe** (vivace)
le **persil** (bi-annuel)
le **romarin** (vivace)
la **sauge** (vivace)
le **thym** (vivace)

JARDINS DE FLEURS
La rose est généralement considérée comme la reine du jardin. Ici (en haut à gauche), l'on a planté des massifs de rosiers, tandis que le jasmin et les clématites grimpent sur les murs de la maison.

Le coin abrité de cette maison en angle (en bas à gauche) est l'endroit idéal pour s'asseoir en admirant le jardin d'herbes et les fleurs aux couleurs vives. Autour de la bordure, les allées en gravier sont plus faciles d'entretien qu'une pelouse.

Un chemin de gazon (ci-contre), derrière une barrière toute simple, auréolée de feuillage palissé, borde un grand jardin rempli de dahlias plantés en rangs ordonnés et abondants. De l'autre côté du chemin, contre la clôture, on a placé un étroit parterre de roses roses et de roses rouges.

JARDINS FLEURIS

RIVIÈRE DE FLEURS
La notion d'abondance est présente partout à la campagne : une grande vasque sculptée déborde de pavots oranges et jaunes (en haut à gauche), et une profusion désuète dans les tons de bleu-violet anime ce parterre (en bas à gauche).

LES PIEDS DANS L'EAU
Un ruisseau ou une mare, s'ils sont naturels, sont les trésors d'un jardin. Le jardin d'une maisonnette en pierre toute de guingois (ci-dessus) a été couvert de fleurs qui s'adaptent particulièrement bien aux sols humides et poussent au bord de l'eau : hostas, mauve, et bambou.

Il y a beaucoup à dire sur l'art de planter un jardin d'été, véritable écrin pour les plantes vertes qui mettent en valeur les plus belles bordures. Les fleurs jouent un rôle essentiel dans la composition du jardin d'une maison de campagne, colorant l'extérieur, embaumant l'intérieur. Afin d'avoir toute l'année des fleurs et du feuillage à disposer partout en magnifiques bouquets, il faut planter suivant un plan précis.

Les bordures d'herbacées plantées pêle-mêle ressortent encore mieux lorsqu'elles sont disposées contre un vieux mur ou devant un beau massif de plantes vertes. Dans ce cas précis, de simples fleurs sans prétention sont plus appropriées que les hybrides compliquées à plusieurs têtes. L'effet doit être celui du heureux hasard, frôlant l'état sauvage.

Le printemps est la saison des fleurs et des bulbes. Les têtes colorées de tulipes et d'iris ondulent sous les amandiers et les pruniers, dont les fleurs s'égrènent au vent en guirlandes délicates, et l'herbe est parsemée de tapis de crocus et de jacinthes. C'est bientôt le tour des lupins, des œillets du poète, des delphiniums, du jasmin et de la lavande. En été, le choix est très vaste, il doit toujours y avoir des roses, quelques plantes grimpantes tellement romantiques comme les clématites, les pois de senteur, la passiflore ou la glycine (éventuellement palissée autour d'un arbre fruitier), et des plantes odorantes comme les œillets et les œillets mignardise, l'iris qui embaume la nuit, et toutes sortes d'herbes. En automne, lorsque les feuilles déploient leurs couleurs changeantes, les fuchsias et les chrysanthèmes sont encore en fleurs. Le choix est évidemment plus restreint en hiver, et c'est la saison à laquelle on apprécie les plantes vertes. Pour la couleur et le parfum, on peut planter un Calycanthus praecox, arbuste à feuilles caduques dont la fleur a une odeur épicée, pour la beauté, une Boule de neige, un laurier-tin, ou certains chèvrefeuilles, plus odorants que ceux de l'été, des perce-neige et de l'élébore.

Le travail le plus délicat dans l'élaboration d'un jardin avec une masse de fleurs, est d'en bien ventiler les couleurs. Les petits jardins peuvent se transformer en un désordre incontrôlable, et il faut un thème pour éviter les combinaisons disparates.

Une des méthodes les plus efficaces consiste à choisir des fleurs de teinte pastel – en mélangeant les roses pâles et les jaunes crémeux à quelques touches de bleu – en ajoutant seulement une ou deux taches de couleur. Les jardins monochromes peuvent également être très jolis, bien qu'ils ne soient pas toujours aussi simples qu'on l'imagine. Le fameux jardin blanc du château de Sissinghurst dans le Kent, dessiné par Vita Sackeville-West et Harold Nicolson, est planté de fleurs dans un dégradé de couleurs passant du blanc le plus blanc au blanc cassé et au jaune pâle, ou au jaune bouton d'or. Dans un jardin bleu, il est plus intéressant de mélanger les blancs, les blancs cassés et les jaunes clairs avec les bleus qui peuvent s'échelonner des plus pâles aux violets avec, en contraste, une légère touche de rouge.

Il ne faut pas négliger la contribution que le feuillage apporte au jardin. La variété des couleurs et des formes crée une grande diversité : petites feuilles ovales vert foncé du buis nain bordant les plates-bandes, feuilles gris-argenté des œillets, épaisses tiges d'angélique aux larges feuilles, feuilles dentelées des roses avec leurs tiges épineuses, grandes feuilles oblongues et pointues de l'hosta, tige courbée de la gentiane aux délicates feuilles vert pâle.

Si l'on fait un jardin anglais, il ne doit jamais être régulier, même s'il est composé d'éléments conventionnels : les parterres disposés d'une manière symétrique seront bordés de buis nain, de lavande, de ciboulette ou de persil. De même, un parterre – à ras du sol comme les labyrinthes que l'on fait avec du buis nain – est l'une des figures les plus conventionnelles du jardin ; toutefois, si le parterre est petit, bordé d'une plante différente et semé de plantes annuelles, c'est un complément charmant au jardin anglais : avec du buis, il a l'avantage d'être magnifique toute l'année, même en hiver. L'art de tailler les arbres en silhouette, bien que protocolaire, est typique du jardin anglais, comme du jardin à la française. Les arbustes taillés en dessins géométriques, en pyramides, sphères, cubes ou spirales sont utilisés comme décor central ou en paire, pour attirer l'attention sur une entrée ou sur un point de vue.

Un grand gazon bien tondu n'a pas sa place dans un jardin rustique, sauf en Angleterre s'il sert de sol à un tennis, auquel cas il faut qu'il soit coupé très court et roulé. En revanche, on sèmera des mélanges de type prairie sur de petites surfaces ou des allées peu fréquentées. Certains prétendent que les vieilles tondeuses à main donnent un meilleur résultat, avec une finition plus rustique. La commodité d'emploi milite, selon d'autres, en faveur de formules plus modernes. Une prairie avec des fleurs sauvages est toujours superbe dans un petit jardin ; on trouve chez les spécialistes des mélanges tout faits de graines de fleurs et d'herbes. Les odorants parterres de camomille ou de thym demandent plus de travail et ne sont pas aussi durables que l'herbe ordinaire, mais leur effet sculpté est plus doux à l'œil.

TONS PANACHÉS
On a introduit dans le parterre très dense de ce jardin (ci-contre) une bande de couleurs vives composée de myosotis soulignés de giroflées jaunes.

PAVER UNE ALLÉE

Certains revêtements conviennent mieux que d'autres. Des pierres ou des briques trop neuves peuvent être adoucies par un semis de petites plantes rampantes, thym ou camomille, qui courront entre les joints.

- Le chemin en gazon est fragile mais sa douceur et sa couleur verdoyante le rendent très séduisant.
- Les briques spéciales pour les allées peuvent être posées en chevrons, en diagonale, ou dans des entrelacements variés.
- On peut alterner des dalles et du gravier, sachant que la partie gravier demandera un désherbage régulier. Le gravier clair est très flatteur.
- Solides et superbes, les pavés de pierre sont les plus coûteux.

RÉCOLTES

INSOLITE
Les plantes ne sont pas les seules caractéristiques du jardin d'agrément. Un abreuvoir en pierre (en haut) a attiré une poule et ses poussins qui sont venus nicher dans les tiges du géranium, comme si c'était de la paille. Un élégant épouvantail (ci-dessus) fait le guet sur un plant de légumes et de fleurs.

ATTENDU
En été, ce pommier (à droite) fournit une ombre bienfaisante : il croule sous les fruits mûrs, tandis que ses feuilles jaunissent déjà. En hiver, quand les jours sont plus courts, son tronc et ses branches nues laisseront filtrer la lumière à l'intérieur de la maison toute proche. Dans ce potager (à l'extrême droite), un filet attaché sur des piquets préserve les choux des pigeons et des papillons.

La prodigalité d'un jardin offrant ses produits frais est l'image même de la vie à la campagne. On néglige souvent les qualités décoratives d'un grand nombre d'herbes et de légumes qui pourraient être mélangés au jardin d'agrément, plutôt qu'isolés au potager. Une bordure de ciboulette, de thym, de persil, de lavande ou de romarin peut remplacer le buis traditionnel. Les choux rouges et verts, les pois et les haricots ou les artichauts sont aussi beaux que les pommiers et les poiriers en espaliers ou taillés dont on ne discute jamais la présence dans le jardin.

Dans les grandes maisons de campagne, le potager est généralement à part, et entouré de murs pour le protéger des animaux. Les herbes et les légumes sont disposés en carrés, d'un meilleur effet décoratif que les bandes toutes droites, avec des groseilliers, des groseilliers à maquereaux ou des pommiers sauvages. Le potager demande un travail intensif,

et son aspect évolue plus fréquemment que celui d'un jardin d'agrément à cause des nouveaux semis plantés dès que les légumes mûrs sont récoltés.

Si vous avez de la place, cela vaut la peine de faire un jardin d'herbes et d'y planter aussi des espèces moins familières : pimprenelle et bourrache aux fleurs bleues, que l'on peut ajouter aux boissons fraîches, cerfeuil au parfum délicat – une de nos herbes préférées en France –, citronnelle, qu'on aime utiliser avec le poisson, sarriette au goût de poivre et l'ache des montagnes qui a la saveur du céleri. Il y a des variétés plus rares de thym, de sauge, de marjolaine ou de menthe – la menthe s'étend en rampant, il vaut donc mieux la planter en pot – qui parfumeront vos préparations culinaires. Les plantes saisonnières délicates, comme le basilic, doivent être plantées dans de grands pots en terre à poser sur le rebord d'une fenêtre ensoleillée, et des récipients contenant vos herbes favorites peuvent être gardés à côté de la porte de la cuisine.

Il y a toujours une place pour un arbre fruitier, même dans un jardin minuscule. Les pommes, les pêches, les prunes et les poires donnent de bons résultats greffées sur des souches saines et on peut les élever en espaliers horizontaux, en forme d'éventails dressés sur des tuteurs, ou contre un mur ou une clôture. Les arbres qu'on a laissé pousser jusqu'à leur plénitude s'épanouissent avec la majesté des pêchers de Van Gogh, et sont souvent entourés d'un tapis de hautes herbes. Les plants de cassis, de groseilles à maquereaux et de mûres produisent les plus jolis fruits doux-amers du verger, tellement délicieux, notamment le banal groseillier. La vigne demande à être exposée en plein soleil si l'on veut obtenir des fruits sucrés, mais, palissée sur une tonnelle ou une pergola, son feuillage fournit un abri charmant.

ÉLÉMENTS ARCHITECTURAUX

Les arbres sont des éléments architecturaux tout autant que botaniques. Ils apportent au jardin une dimension indispensable, créant différents centres d'intérêt, et servent de barrière en marquant des rythmes différents. Avec une fonction similaire, le treillage peut être utilisé de manière hautement décorative. Souvent fixé au mur pour soutenir des plantes grimpantes, ou utilisé pour compartimenter un jardin, il peut aussi être converti en clôture basse ou former une voûte ; il peut encore décorer les murs d'un kiosque. Il est aussi très séduisant peint en gris pâle ou en blanc et recouvert de plantes grimpantes.

Les charmilles rustiques faites de branchages, les pergolas avec des colonnes de pierre et un toit en treillage tout comme les arceaux en fer et les passages couverts de magnifiques plantes – roses grimpantes, vigne, glycine, chèvrefeuille, ou clématites – sont aussi spectaculaires qu'odoriférantes. Parfois, elles mènent à un siège retiré dans un coin exquis du jardin, parfois elles le recouvrent de leurs feuilles. Le style du mobilier de jardin n'a guère changé au cours des siècles. Les sièges en bois patiné par le temps ont des dossiers sculptés ou unis ; les bancs de pierre sont aussi simples qu'élégants, et les sièges en fer peuvent avoir des sculptures savamment dentelées. On peut également convertir en siège une épaisse planche de bois que l'on fixera à un mur.

Si les appentis sont relégués dans un coin isolé, les kiosques ou gloriettes se doivent d'être plus en vue. Évitez ceux faits en série, qui manquent souvent d'originalité. Optez plutôt pour un simple abri ouvert, avec une structure stable, dont les côtés seront recouverts de treillage, et dont le toit aura une belle découpe. N'oubliez pas d'y incorporer un siège, et élevez-le légèrement afin d'y ménager une marche sur laquelle vous pourrez vous asseoir au soleil.

La perspective du jardin s'encadre naturellement dans la porte d'entrée. Elle peut être en bois ou en fer, avoir des barreaux ou être massive, simple ou très ouvragée, mais, de toute façon, elle doit s'harmoniser avec le style de la maison. Le chêne non traité se patine jusqu'à prendre une teinte argentée si on ne le peint pas. Le fer est plus lourd et plus décoratif, coiffé de têtes de flèches ou d'un motif délicat. Les murs du jardin d'agrément devraient être en brique ou en pierre, une palissade en bois ou une clôture en fer. Une barrière en bambou, que l'on achète au mètre, est une solution temporaire pour cacher un vilain mur. On peut aussi le peindre, le couvrir de treillage sur lequel on fera grimper des plantes, ou le dissimuler sous une pluie de plantes grimpantes.

CONTRASTES
Cette vieille remise en brique chapeautée par de solides linteaux altérés par le temps arbore les nuances subtiles de l'âge (ci-dessus). On a pendu au mur d'anciens cageots à fruits en guise de bacs à fleurs. Également appropriée au décor d'un jardin d'agrément, cette exquise gloriette (à droite) présente un treillage peint dans un blanc éclatant.

PIERRE, MÉTAL, NUANCES

Les couleurs de la campagne peuvent être vives et chatoyantes ; on peut préférer, comme ici, les tons subtilement nuancés des matières ou des peintures délavées par le temps : murs de terre ou de pierre, brique incrustée, réservoirs à eau et arrosoirs de métal patiné.

INDEX

Les nombres en *italique* renvoient aux illustrations

REMERCIEMENTS

Les éditeurs tiennent à remercier les photographes et organismes suivants, grâce auxquels ils ont pu reproduire les photographies de cet ouvrage :

1 Guy Bouchet ; 2 Lars Hallen ; 4-5 Jean-Pierre Godeaut ; 12-13 John Miller ; 14 Ianthe Ruthven ; 15 en haut Philippa Lewis/Edifice ; en bas Lars Hallen ; 16-17 S & O Mathews ; 18 Yves Duronsoy ; 19 en haut S & O Mathews ; au centre Christian Sarramon ; en bas Annet Held ; 20-21 Guy Bouchet ; 21 en bas Jean-Pierre Godeaut ; 22 à gauche Yves Duronsoy ; à droite Guy Bouchet ; 23 à gauche Annet Held ; à droite Guy Bouchet ; 24 La Maison de Marie Claire (Pataut) ; 24-25 Michael Freeman ; 26 Christian Sarramon ; 27 en haut à gauche Guy Bouchet ; en haut à droite Jean-Pierre Godeaut ; en bas Yves Duronsoy ; 28 en haut Pierre Hussenot/Agence Top (César : collection particulière) ; en bas Yves Duronsoy ; 29 Michael Freeman ; 30-31 Brian Harrison/Elizabeth Whiting & Associates ; 31 Jean-Paul Bonhommet ; 32 Bent Rej ; 33 Lars Hallen ; 34 Houses & Interiors ; 35 Yves Duronsoy ; 36 Gilles de Chabaneix ; 36-37 Lars Hallen ; 37 Jean-Pierre Godeaut ; 38 Spike Powell/Elizabeth Whiting & Associates ; 39 à gauche Guy Bouchet ; à droite Jean-Pierre Godeaut ; 40 en haut Antoine Rozès ; en bas Dennis Krukowski/Conran Octopus (Mary Jean et John Winkler) ; 41 en haut Fritz von der Schulenburg (Suky Schellenberg) ; en bas Yves Duronsoy ; 42 Tim Street-Porter/Elisabeth Whiting & Associates ; 43 Yves Duronsoy ; 44-45 IPC Magazines/WPN ; 45 Jean-Paul Godeaut ; 46-47 Dennis Krukowski/Conran Octopus (Mary Jean et John Winkler) ; 47 IPC Magazines/WPN ; 48-49 Paul Ryan/J B Visual Press ; 50 à gauche Michael Freeman ; à droite Jean-Pierre Godeaut ; 51 IPC Magazines/WPN ; 52 Jean-Paul Bonhommet ; 52-53 Ianthe Ruthven ; 54 en haut Ianthe Ruthven (Hodgson House, Orford, New Hampshire) ; en bas Jean-Pierre Godeaut ; 55 à gauche Christian Sarramon ; à droite Jean-Pierre Godeaut ; 56 à gauche Guy Bouchet ; à droite Graham Henderson/Elizabeth Whiting & Associates ; 57 en haut Paul Ryan/J B Visual Press ; en haut Reproduit d'après American Design : The Farmhouse, texte de Chippy Irvine, photographies de Dennis Krukowski, publié par Bantam Books (c) 1987 by The Miller Press Inc ; 58-59 Rene Stoeltie ; 60 en haut Tim Street-Porter/Elizabeth Whiting & Associates ; 60-61 Fritz von der Schulenburg ; 61 en haut Di Lewis/Elizabeth Whiting & Associates ; en bas Derry Moore ; 62 en haut à gauche Christian Sarramon ; en bas à gauche IPC Magazines/WPN ; à droite René Stoeltie ; 63 Di Lewis/Elizabeth Whiting & Associates ; à droite Tim Street-Porter/Elizabeth Whiting & Associates ; 64-65 Reproduit d'après American Design : The Farmhouse, texte de Chippy Irvine, photographies de Dennis Krukowski publié par Bantam Books (c) 1987 by The Miller Press Inc ; 65 Paul Ryan/J B Visual Press ; 66 Michael Dunne/Elizabeth Whiting & Associates ; 67 en haut Houses and Interiors ; en bas Roland Beaufre/Stylograph ; 68 Guy Bouchet ; 68-69 IPC Magazines/WPN ; 70-71 Jean-Paul Bonhommet ; 72 Guy Bouchet ; 73 en haut Simon Brown/Conran Octopus (designer Joan Lombardi Bayley) ; en bas Annet Held ; 74 Fritz von der Schulenburg (Janet Fitch) ; 75 Reproduit d'après American Design : The Farmhouse, texte de Chippy Irvine, photographies de Dennis Krukowski publié par Bantam Books (c) 1987 by The Miller Press Inc ; 76 Jean-Pierre Godeaut ; 77-78 Spike Powell/Elizabeth Whiting & Associates ; 79 en haut à gauche Spike Powell/Elizabeth Whiting & Associates ; en haut à droite Gilles de Chabaneix ; en bas Yves Duronsoy ; 80 Yves Duronsoy ; 80-81 Michael Freeman ; 81 Fritz von der Schulenburg ; 82 Geoff Lung/Vogue Living ; 83 Michael Freeman ; 84 Roland Beaufre/Agence Top ; 85 Guy Bouchet ; 86 en haut à gauche Guy Bouchet ; en haut à droite Christian Sarramon ; en bas Annet Held ; 87 à gauche Yves Duronsoy ; à droite Rene Stoeltie ; 88 IPC Magazines/WPN ; 89 Houses & Interiors ; 90 Pascal Hinous/Agence Top (Giverny) ; 90-91 Christian Sarramon ; 91 Guy Bouchet ; 92 en haut Brian Henderson/Elizabeth Whiting & Associates ; en bas Ianthe Ruthven (Hodgson House, Orford, New Hampshire) ; 92-93 Annet Held ; 94-95 Spike Powell/Elizabeth Whiting & Associates ; 96 Rene Stoeltie ; 97 Annet Held ; 98 en haut Paul Ryan/J B Visual Press ; en bas Jean-Pierre Godeaut ; 99 Nadia MacKenzie/World of Interiors ; 100 Christian Sarramon ; 100-101 Lucinda Lambton/Arcaid ; 101 Ianthe Ruthven (Morehouse, Tite Street, Chelsea – propriétaire : Felix Hope-Nicholson) ; 102 en haut à gauche Gilles de Chabaneix ; en haut à droite Jean-Paul Bonhommet ; en haut à gauche Houses & Interiors ; en haut à droite Yves Duronsoy ; 103 Gilles de Chabaneix ; 104 Fritz von der Schulenburg (Suki Schellenberg) : 104-105 Annet Held ; 105 Spike Powell/Elizabeth Whiting & Associates ; 106 Peter Woloszynski/World of Interiors ; 107 Jean-Pierre Godeaut ; 108 en haut Annet Held ; en bas Annet Held ; 109 Yves Duronsoy ; 110 Belle (Andrew Payne/Greg Barrett) ; 110-111 Ianthe Ruthven (Hodgson House, Orford, New Hampshire) ; 112-113 Richard Bryant/Arcaid ; 114 Jean-Pierre Godeaut ; 115 en haut Michael Freeman ; en bas Guy Bouchet ; 116-117 Jean-Pierre Godeaut ; 117 Annet Held ; 118 en haut Bill Stites/Conran Octopus (Mary Gilliatt) ; en bas IPC Magazines/WPN ; 119 Ianthe Ruthven (Hodgson House, Orford, New Hampshire) ; 120 en haut Jean-Paul Bonhommet ; en bas Bent Raj ; 121 en haut à gauche Richard Bryant/Arcaid ; en haut à droite Fritz von der Schulenburg (Valerie Forsythe) ; en bas Houses & Interiors ; 122 Houses & Interiors ; 122-123 Michael Freeman ; 124 à gauche Spike Powell/Elizabeth Whiting & Associates ; à droite Simon Brown/Conran Octopus (designer Joan Lombardi Bayley) ; 125 Simon Brown/Conran Octopus (designer Joan Lombardi Bayley) ; 126 Peter Woloszynski/World of Interiors ; 127 Jean-Pierre Godeaut ; 128 Paul Ryan/J B Visual Press ; 129 Derry Moore ; 130 Guy Bouchet ; 130-131 Simon Brown/Conran Octopus (designer Joan Lombardi Bayley) ; 131 Houses & Interiors ; 132-133 Yves Duronsoy ; 133 Di Lewis/Elizabeth Whiting & Associates ; 134 Yves Duronsoy ; 134-135 Bent Raj ; 136 La Maison de Marie Claire (Pataut/Comte) ; 137 Simon Brown/Conran Octopus (designer Joan Lombardi Bayley) ; 138 John Miller ; 139 en haut Antoine Rozès ; en bas Ann Kelly/Elizabeth Whiting & Associates ; 140 en haut à gauche J M Kolko ; en bas à gauche Bent Rej ; à droite S & O Mathews ; 141 Christian Sarramon ; 142-143 Yves Duronsoy ; 143 Jean-Pierre Godeaut ; 144 Jean-Pierre Godeaut ; 145 Gilles de Chabaneix ; 146 en haut Houses & Interiors ; en bas Yves Duronsoy ; 147 Jean-Pierre Godeaut ; 148 en haut George Wright ; en bas S & O Mathews ; 149 Andrew Lawson ; 150-151 Andrew Lawson ; 152 en haut Guy Bouchet ; en bas Andrew Lawson ; 152-153 S & O Mathews ; 153 Philippe Perdereau ; 154 Yves Duronsoy ; 155 Heather Angel ; 156-157 Jean-Pierre Godeaut (Collection Yves Leveque) ; 157 en haut à gauche Christian Sarramon ; en haut à droite Guy Bouchet ; en bas Stephen Robson. Les pages 6 et 11 ont été photographiées pour la présente édition par Ianthe Ruthven.